财经类新形态创新示范系列教材

# 营销策划
# 实务 微课版｜第 2 版

郭凤兰 郝骞／主编

张纬卿 张红霞 张丽／副主编

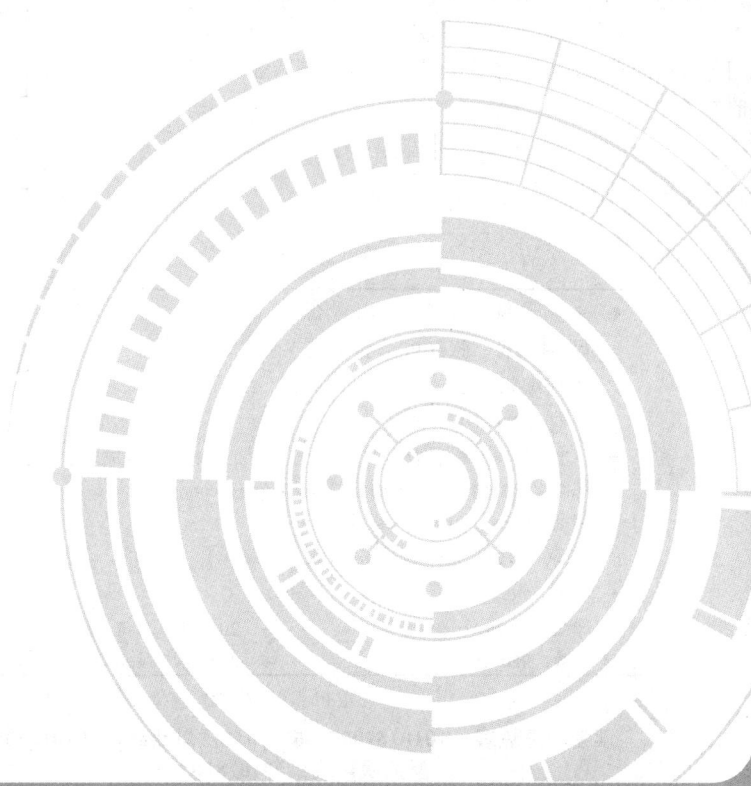

人民邮电出版社

北京

**图书在版编目（CIP）数据**

营销策划实务：微课版 / 郭凤兰，郝骞主编. -- 2
版. -- 北京：人民邮电出版社，2023.9
财经类新形态创新示范系列教材
ISBN 978-7-115-61302-8

Ⅰ. ①营… Ⅱ. ①郭… ②郝… Ⅲ. ①营销策划－高
等职业教育－教材 Ⅳ. ①F713.50

中国国家版本馆CIP数据核字(2023)第037947号

## 内 容 提 要

本书以培养学生营销策划的操作能力为宗旨，精心设置了营销策划准备、营销调研策划、营销战略策划、产品品牌策划、产品促销策划、新媒体营销策划等项目，每个项目的教学案例均来自六大行业企业真实项目改编，行业涉及快消品、房地产、服装、旅游、农产品、零售。每个项目分为课前自学、课中实训和课后提升 3 个部分。通过学习，学生能够熟练掌握并运用所学知识进行一般营销项目的策划工作。本书采用纸质教材和 MOOC 在线平台的形式，具有丰富的拓展资源，包括微课视频、案例分析、实训任务单、拓展训练等内容，满足学生学习需求。

本书不仅可以作为高等职业院校市场营销、工商管理、电子商务、网络营销与直播电商专业营销策划相关课程的教材，也可以作为营销策划、销售业务与销售管理人员、广告策划人员以及网络营销人员的参考书。

◆ 主　编　郭凤兰　郝　骞

　　副主编　张纬卿　张红霞　张　丽

　　责任编辑　白　雨

　　责任印制　王　郁　彭志环

◆ 人民邮电出版社出版发行　　北京市丰台区成寿寺路 11 号

　　邮编　100164　电子邮件　315@ptpress.com.cn

　　网址　https://www.ptpress.com.cn

　　北京联兴盛业印刷股份有限公司印刷

◆ 开本：787×1092　1/16

　　印张：10.25　　　　　　　　　　2023 年 9 月第 2 版

　　字数：250 千字　　　　　　　　2025 年 2 月北京第 4 次印刷

定价：49.80 元

读者服务热线：**(010)81055256**　印装质量热线：**(010)81055316**
反盗版热线：**(010)81055315**

# FOREWORD

## 前　言

　　《营销策划实务（微课版　第 2 版）》是国家示范性高职院校河北工业职业技术大学核心课程建设的成果之一，是河北省重点专业群建设电子商务类精品课程配套教材，是一部顺应现代市场营销教育发展需要的项目化教材。

　　本书紧紧围绕高端技能型人才培养目标，以营销策划职业能力培养为重点，以企业营销策划工作过程为主线，以企业营销策划工作任务为驱动，构建了 6 个与实际工作岗位要求相一致的学习项目，包括营销策划准备、营销调研策划、营销战略策划、产品品牌策划、产品促销策划、新媒体营销策划。

　　本书在第 1 版的基础上进行了编写体例和内容的重新设计，丰富了新媒体营销策划内容，以期带领读者聚焦新媒体营销的本质，在实践中体会新媒体传播的精髓。

　　本书具备以下特色。

**1. 校企合作"双元"开发活页式教材**

　　本书由河北工业职业技术大学市场营销专任教师牵头，在大量市场调研和专家访谈的基础上，联合行业企业专家共同编写，课中实训项目均根据六大行业企业真实项目改编。本书采用活页式装订形式、项目任务式体例编写格式。

**2. 教学资源丰富，满足教学需求**

　　本书配套网上教学资源库、PPT、教案等教学资源，用书老师登录人邮教育社区（www.ryjiaoyu.com）即可免费下载相关资源。同时，本书配套微课视频，读者扫描下方二维码即可观看微课视频。

人邮学院

**3. 融入价值教育，突出职业引导和价值塑造功能**

本书每个项目均选取典型案例融入情景实训，并做了深入浅出的分析，能够引导读者树立正确的营销策划价值观，将营销策划知识的学习与技能培养置于实际情境中。

为了达到良好的教学效果，本书在实际教学中建议总课时设置为 60 课时。各项目的具体参考课时如下。

| 项目序号 | 教学项目 | 参考课时 |
| --- | --- | --- |
| 1 | 营销策划准备 | 8 |
| 2 | 营销调研策划 | 8 |
| 3 | 营销战略策划 | 12 |
| 4 | 产品品牌策划 | 12 |
| 5 | 产品促销策划 | 12 |
| 6 | 新媒体营销策划 | 8 |
| 总计 | | 60 |

本书由河北工业职业技术大学郭凤兰、郝骞担任主编，张纬卿、张红霞、张丽担任副主编，参与编写的还有丁妥、苏愈等。由于编者水平有限，书中难免存在疏漏之处，敬请读者批评指正。

编 者
2024 年 6 月

# CONTENTS

## 目　录

# 项目一

## 营销策划准备

### 学习目标 ↓

#### 知识目标

1. 明确营销策划的原则，特别是创新性原则。
2. 掌握营销策划的方法与流程。
3. 掌握营销策划书的基本结构与撰写技巧。
4. 明确营销策划人员的素质与能力要求。

#### 技能目标

1. 初步具备策划创意的能力。
2. 初步具备撰写营销策划书的能力。
3. 能创设模拟营销策划组织。

#### 素养目标

1. 培养学生勤于观察和思考的能力。
2. 培养学生乐于学习和探究的态度。
3. 培养学生团队合作和营销创新的意识。

### 思维导图 ↓

```
                                     ┌── 营销策划的概念与内涵
                      ┌─ 营销策划知识的准备 ──┼── 营销策划的方法与流程
                      │                   └── 营销策划书的撰写
                      │
   营销策划准备 ──────┼─ 营销策划职业素养的培养 ┌── 营销策划人员的素质要求
                      │                     └── 营销策划人员的能力要求
                      │
                      │                    ┌── 建立营销策划公司的组织机构
                      └─ 营销策划组织的准备 ──┼── 规划营销策划工作的流程
                                          └── 明确营销策划工作的特点
```

## 案例导入

### 小罐茶的营销策划

2016 年 7 月，一个名为"小罐茶"的茶品牌正式上市，当年销售额 4 亿多元，产品一度供不应求，成为茶行业的一匹黑马。2017 年 7 月，央视播出一个三分钟时长的广告，数位茶文化大师竞相出镜，引发大众对小罐茶的大量关注。当年，小罐茶零售额 7 亿多元。当时国内销量排行第一的茶品牌是 1993 年创立的天福茗茶，2017 年销售额为 15 亿元，小罐茶上市一年多就达到其一半水平，并且销售额还在逐步增长。如此快的发展速度让人惊叹，也让人好奇，这个现象级茶品牌究竟是如何快速崛起的？

如果说传统茶企以茶叶为中心，那么小罐茶则以用户为中心，在产品设计、营销手段等方面对行业进行了创新。

**用用户思维，创新茶品**

小罐茶让茶变得现代化，让喝茶变成一种优雅的生活方式，唤醒国人对中国茶的热爱。它用生活方式的思维，打造现代茶品牌，创造了一罐一泡。它的每罐茶都用充氮的铝制小罐封存，这样能完好地保存茶叶的形状，实现一罐一泡。这样的产品容易保存，喝起来更方便，颜值高，体验感好。中国茶如果不能让现代年轻人喜欢，就无法真正打开市场。传统茶的包装承载着文化，而小罐茶却别具一格，契合年轻人的喜好。小罐茶也是第一个把金属和陶瓷进行结合的品牌，不仅实现了品牌视觉差异化，还迎合了年轻人的喜好。

**独树一帜的产品定位**

小罐茶把目光投向了年轻的消费者，具体为"90 后"与"00 后"。小罐茶把自身定义为"现代派中国茶"，无形中把竞争对手也定义为"老派茶"。在品牌定位上，小罐茶与传统茶企拉开了很大的距离。在产品设计上，小罐茶定位中高端人群，解决了买茶、喝茶、送茶的三大痛点：联手 8 位中国名茶制茶师建立好茶认知标准，设计"一罐一泡"的铝制小罐，统一茶品的规格、品质、包装和价值，让高端茶品牌形象深入人心。

**品牌推广策略**

2016 年，小罐茶长达 3 分钟的广告片登陆央视和各地方卫视黄金时段，给全民做了一次茶文化的普及教育。除了央视广告，小罐茶还投了机场户外、飞机高铁杂志、互联网等一系列全方位的广告。一夜之间，小罐茶不仅成为人们茶余饭后的谈资，也成了媒体及营销人研究的题材。

小罐茶依托互联网电商平台进行销售，依靠新媒体传播快而广的特性，迅速引起现代年轻人的注意；而电视广告的传播，使老一辈人群也熟知其品牌。

总之，小罐茶用创新理念，以极具创造性的手法整合我国茶行业优势资源，联合六大茶类的 8 位制茶师，坚持原产地原料、坚持大师工艺，独创小罐保鲜技术，共同打造中国茶。小罐茶最终为消费者做出了一个标准化的茶产品。"标准化"有两个非常重要的要素：一是产品的标准化，用一个标准把所有品类统一起来；二是认知的标准化，让消费者能感知什么是好茶。

小罐茶打破农产品思维的禁锢，以消费品思维为核心，打造现代派中国茶品牌。让中国茶重新走向世界——不是原料，而是品牌；不只是产品，还有中国文化。

**讨论：**

1. 小罐茶是如何进行营销策划的？

2. 什么是营销策划？你认为营销策划最大的魅力是什么？

## 课前自学

# 一、营销策划知识的准备

营销策划是一种富有创意的智慧行为。营销策划的成功取决于理念、创意，也取决于操作行为的规范、科学。完备的组织构成、高素质的策划人、规范的操作程序是完成营销策划工作的基本要素。

## （一）营销策划的概念与内涵

策划一词在当今社会的各种场合与媒体中已被广泛运用，如活动策划、创意策划、品牌策划、营销策划。那么，究竟什么是策划？策划的本义是什么呢？

### 1. 认识策划

策划一词按《现代汉语词典》的解释为：筹划、谋划。策划是一种非常复杂的活动，它不同于一般的建议，也不是单纯的点子。策划作为一种程序，在本质上是一种运用知识和智慧的理性行为。

我国策划学者认为策划是一种对未来采取的行为进行决定的准备过程，是一种构思或理性思维程序。策划就是找出事物的主、客观条件和因果关系，选择或制定可采用的对策，作为当前决策的依据。策划是事先决定做什么、如何做、何时做、由谁来做的系统方案。

从策划的定义，我们可以看出策划包括几个要素，如图 1-1 所示。

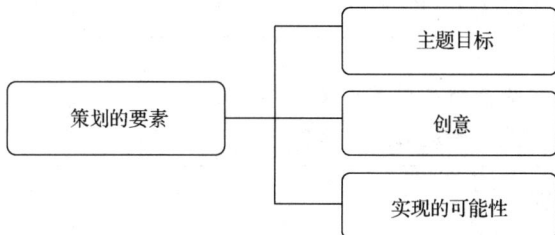

图 1-1　策划的要素

第一，策划必须有明确的主题目标。没有主题目标，策划就成了一些无目的构思的拼凑，无法解决问题。

第二，策划必须有崭新的创意。策划的内容应新颖、奇特、扣人心弦，能让人观后印象深刻、打动人心。

第三，策划必须有实现的可能性。策划应当在现有人力、物力、财力及技术条件下有实现的可能性，否则再好的策划也是空谈。

（1）策划不同于计划。策划的中心是为特定活动的特定目标实现进行策略谋划。计划是策划中的具体实施细则，任何策划都必须通过计划来实施。策划从整体看是一种具有超前性、挑战性、创新性、创造性的思维活动；计划通常表现为在任务定下后对日常的工作流程进行确定，一般不具备创新的性质。

（2）策划不同于点子。点子即创意，求的是新、奇、绝、妙。策划是有计划、有策略地执行创意，让创意产生良好的效益，求的是可操作性。策划离不开点子，点子绝不等同于策划。

一个好的点子就是我们所说的创意，一个创意发展起来就是一个很好的策划。可以这样理解，点子是闪闪发光的珍珠，策划是由珍珠串成的项链。

### 边学边做

（1）搜集我国知名策划人，列举我国历史上知名的商业人物。

（2）简要介绍我国历史商业人物范蠡。

### 2. 理解营销策划

营销策划是市场营销策划人员根据企业现有的资源状况，在充分调查、分析市场营销环境的基础上，激发创意，制定目标并保证目标能够实现的一套策略规划。它包括市场营销目标、市场机会分析、市场营销定位、营销战略及策略营销评估等内容。

营销策划的关键点包括以下4个方面。

（1）营销策划是营销管理的核心。

（2）营销策划是解决营销过程中某一问题的创意思维。

（3）营销策划是从营销方案的构思、实施到评价的规范程序和科学方法。

（4）营销策划完成的是导演的功能，主要的工作是学会利用各种方法制造轰动效应，取得受众的支持和欢迎。

成功的营销策划并不是靠拍脑袋想出来的，也不是一种偶然的巧合，而是某些客观规律的体现。市场营销学是营销策划的基础原理，它影响营销策划的思路。创意设计是营销策划的重要环节，可以说是营销策划的核心。从一定程度上讲，创意设计新颖合理，是营销策划取得成功的关键。

### 议一议

1. 请用自己的语言给营销策划下定义。

2. 你认为营销策划最大的魅力是什么？

### 3. 营销策划的原则

开展营销策划应遵循以下原则。

（1）战略性原则。营销策划一般从战略高度对企业的营销目标、营销手段进行事先规划与设计。

（2）信息性原则。营销策划是在掌握大量而有效的信息基础上进行的，没有这些信息，营销策划则具有盲目性和误导性。

（3）系统性原则。营销策划是一个系统工程，坚持系统性原则就是要把策划作为一个整体来评估，从系统整体与部分之间相互依赖、相互制约的关系中进行系统综合分析，选择最优方案，以实现决策目标。

（4）创新性原则。营销策划要创新，不创新就没有特色。营销策划的创新主要是对营销策略的创新和营销理念的创新。

（5）可行性原则。营销策划是企业在市场调研基础上通过科学分析，为实现企业战略目标而制定的一种整体谋划和策略。它在实际工作中必须具有可行性，因为方案不可操作，创意再好也没有价值。

（6）经济性原则。经济性原则是指营销策划应以最小的投入产生最大的收益。经济性原则要求节约，节约是减少不必要的开支，而不是减少必要的开支；经济性原则要求有详尽的预算，有预算才能使资金的投入最小化，效果最优化。

## 4．营销策划的创意

营销策划是一种创新行为。要创新，就要把创意贯穿营销策划的过程，创意好是营销策划成功的关键。从某种意义上说，创意是营销策划的灵魂。策划不能没有创意，创意通过成功的策划能释放出迷人的光彩。

（1）创意的含义及特点。所谓创意，它包含两层意思：一是作为名词，即有创造性的想法、构思等，如颇具创意；二是作为动词，即提出有创造性的想法、构思等，利用创造性思维和头脑风暴法可以产生创意。创意是一个好的主意、别出心裁的想法或高明的点子。真正意义上的创意是一种创造新事物、新形象的行为，是一个进行创造性思维的过程。创造性思维是创意的核心。创意一般有 4 个显著的特征。

- 积极的求异性。营销策划活动既是一种创意活动，也是一种求异活动。只有建立在积极求异思维基础之上，营销策划方案才能独树一帜。
- 丰富的灵感。灵感是人们接收外界信息而闪耀出的智慧之光，它是人们在平时知识积累的基础之上，在特殊情况下受到触动而迸发出来的想象力。这种想象力往往是可遇不可求的。
- 敏锐的洞察力。敏锐的洞察力是创意者提出构想或解决方案的基础。
- 丰富的想象力。丰富的想象力是发展知识的源泉，也是推动创意发展的源泉。

衡量创意有 3 个基本要素：一是独创性，二是影响力，三是持续性。

### 边学边做

请两位同学为一组，相互交换一张生活照，根据保留人物主体、变更背景和环境的原则，做一张有趣味性的图像作品，配上创意文案。

（2）创意的步骤。创意是寻找解决问题的灵感，进行创造性思维的过程。创意既是思维创新，也是行为创新。创意本质上应该是丰富多彩、灵活多变、不受拘束的，它不应该墨守成规和固定于某种模式。创意的基本步骤包括界定问题，发现创意对象；调查获取资料，探求创意的出发点；产生创意；形成创意提案。创意的 4 个基本步骤如图 1-2 所示。

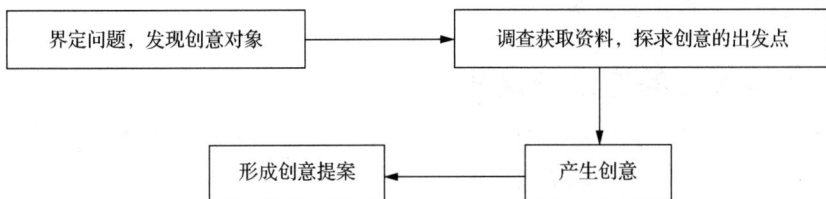

图 1-2　创意的 4 个基本步骤

- 界定问题，发现创意对象。界定所要解决的问题，是进行创意工作的首要步骤。界定问题的好办法就是对问题进行多角度、全方位、立体式的分析思考。
- 调查获取资料，探求创意的出发点。通过对已有资料、信息进行分析、整理和再加工，可能会获得新的启示和认识，而这也是获得创意灵感的一个重要来源。因此，从某种意义上来说，资料查证的过程也是获得创意灵感的过程。

- 产生创意。创意是一种创造性思维的活动。在寻找创意的过程中，走出熟悉的领域，从其他领域或行业的视角来审视要解决的问题，好的创意可能就由此产生。同时，保持放松的状态也是成功产生创意的前提和必要保证。

- 形成创意提案。有了创意要快速、完整地将它们记录下来，形成创意方案；还要根据创意的目的和需要，依据一定的标准对它们进行比较和筛选，将那些价值不大的创意方案剔除，以提高创意工作的效率。

营销策划的创意是指在营销策划中，利用系统、整合的方法，加上各种巧妙的手段进行策划活动。它是对整个活动从构思到实施、从酝酿到统筹安排的一个完整过程，能使自己的策划活动不同于别人的策划活动，显示出自己的创造性、独特性和新颖性，最终使策划活动产生较大的反响，从而得到满意的实际效果。

（3）创意对于营销策划的作用。首先，创意能为策划活动提供众多新奇的点子、构想与方案，创意的过程就是创造性思维发挥与运用的过程。对于策划活动来说，创意之所以是重要的，是因为创意能为策划工作提供一系列解决问题的方案和措施，而这也是营销策划创意的本质所在。其次，创意使营销策划活动更具独特性与创新性。创意的过程是创造、创新的过程，各种新奇的想法、主意、点子能为策划活动带来活力，使策划方案更加新颖、独特。

### 📖 营销案例

#### 白加黑

"白加黑"上市仅180天销售额就突破1.6亿元，占据了15%的市场份额，拥有了行业第二的品牌地位。

一般而言，在同质化市场中，很难发掘出独特的销售主张（Unique Selling Proposition，USP），感冒药市场同类药品甚多，层出不穷。康泰克、丽珠、三九等大腕凭借强大的广告攻势，各自占领一块地盘，而盖天力如何后来居上呢？

"白加黑"是个了不起的创意，它看似简单，只是把感冒药分成白片和黑片，并把感冒药中的镇静剂"扑尔敏"放在黑片中。然而，它不简单。它不仅在品牌外观上与竞争品牌形成很大差别，而且它与消费者的生活形态相符合，达到了引发联想的强烈传播效果。

在广告公司的协助下，"白加黑"确定了干脆、简练的广告口号"治疗感冒，黑白分明"。广告传播的核心信息：白天服白片，不瞌睡；晚上服黑片，睡得香。产品名称和广告信息都在清晰地传达产品概念。

## （二）营销策划的方法与流程

营销策划工作相当复杂，涉及多学科知识。因此，应按照严格的规律、遵循一定的程序、运用科学的方法来分析与制定营销策划方案。

### 1. 营销策划的方法

市场营销策划的方法影响市场营销策划的具体行动方案。不同的方法有不同的特点，关键是如何对现有的人力、物力、财力进行科学的综合运用。市场营销策划方法主要包括以下5种。

（1）点子法。从现代营销角度来说，点子是指有丰富市场经验的营销策划人员经过深思熟虑，为营销方案的具体实施所想出的主意与方法。一个点子往往展现整个营销策划的精华。

**📖营销案例**

腾讯与故宫合作举办"Next Idea × 故宫"腾讯创新大赛，随即推出《穿越故宫来看你》的H5作为邀请函，仅上线一天访问量就突破300万人次。

此H5将故宫与新生代事物相结合，以皇帝穿越为主题，引入说唱音乐风格，互动性、刺激性非常强。将历史文化与现代社交有机结合，《穿越故宫来看你》可谓创意十足。其刷屏式的传播，也足以表明大众对这一做法的认可和喜爱。

（2）运筹法。运筹法就是运用运筹学的方法进行营销策划。运筹学就是在客观条件相对不变的情况下，运用最合理、最简单、最经济的方式，通过最短的途径达到目的。古往今来，运筹法的运用屡见不鲜。

**📖营销案例**

战国时期有一个"田忌赛马"的故事。齐国大将军田忌经常与齐王赛马，但每次比赛都是输。因为，齐王的一等马比田忌的一等马强，齐王的二等马比田忌的二等马强，齐王的三等马也比田忌的三等马强，一对一比拼，每次都是齐王赢、田忌输。孙膑闻知后献上一个计策，让田忌的三等马对齐王的一等马，让田忌的一等马对齐王的二等马，让田忌的二等马对齐王的三等马。结果，田忌先输第一场，却赢了后两场，终于反败为胜。齐王于是拜孙膑为军师。

"田忌赛马"是典型的运用运筹学的具体实例。出马是点子，组阵是谋略，概率与组合是战略方法，一不胜而二胜、三胜是关键。以少胜多、以弱胜强，是运筹学发挥的作用。

（3）造势法。造势法是指在营销策划方案实施前和实施过程中，企业通过对外宣传造势来扩大影响，以提升企业形象、改善公共关系的一种方法。

**📖营销案例**

1999年"世界特技飞行大奖赛"于张家界正式开幕，飞机成功飞越天门洞，不仅创造了人类历史的奇迹，张家界更因此"一飞惊人"，由一颗"养在深闺人未识"的风景明珠，迅速成为人气飙升的热门景区。一时间，国内外游客慕名而来，张家界游客接待量连续几年保持50%以上增速，旅游收入由12.6亿元飙升至33亿元。

（4）创意法。这是营销策划的核心和精髓，许多营销策划的成功之处往往在于运用了一个绝妙的创意。在北京长安街上曾竖立有这样一个广告牌：在蓝天下奔驰着一列火车，这列火车是由一些罐装可口可乐组成的。这则广告的创意在于其巧妙地将可口可乐与火车结合，进行大胆创意，从而产生意想不到的效果。

**📖营销案例**

## 农夫果园

这是一个伟大的创意。

"摇一摇"是一个绝妙的台词，"农夫果园，喝前摇一摇""农夫果园由3种水果调制而成，喝前摇一摇"。"摇一摇"形象直观地暗示消费者，产品由3种水果调制而成，摇一摇可以使口味统一；另外，更绝妙的是无声胜有声地传达了产品的果汁含量高，"摇一摇"可以将较浓稠的物质摇匀。"摇一摇"的潜台词就是产品是真材实料的。

（5）谋略法。谋略是关于某件事情的决策和领导实施方案。谋略的中心是一个"术"字，战术、权术、手段和方法在谋略中发挥核心作用。起初，谋略在战争中被广泛运用，成为古代兵法中的重要内容。在现代，谋略则含有组织、管理、规划、运筹、目标、行为等多方面的内容，既有全局性和根本性，又有艺术性和方向性。

### 2. 营销策划的流程

营销策划是一个科学的运作过程。一般来说，营销策划流程包括以下 8 个步骤，如图 1-3 所示。

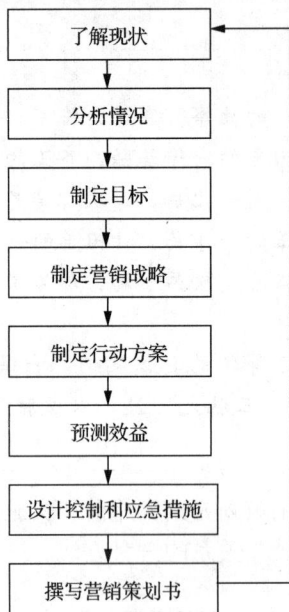

图 1-3 营销策划的流程

（1）了解现状。营销策划人员不仅要深入调查市场情况和消费者需求，还要了解市场上的竞争产品及经销商的情况。这是整个营销策划的基础。只有充分掌握了企业和产品的情况，才能为后面的策划打下基础。

（2）分析情况。一个好的营销策划应对市场、竞争对手、行业动态有较为客观的分析，这主要包括 3 方面的内容：机会与风险的分析、优势与弱点的分析、结果总结。对整个市场综合情况进行全盘考虑和分析，有助于为制定合适的营销目标、营销战略和措施等打好基础。分析情况是一次去粗取精、去伪存真的过程，是营销策划的前提。

（3）制定目标。制定一个切合实际的目标是营销策划的关键。有的营销策划方案过于浮夸、脱离实际，制定的目标过高，因此，实际结果与预想的结果相差千里；而有的营销策划则显得过于保守，同样也会影响营销组合策略效力的发挥。

（4）制定营销战略。营销策划人员应围绕已制定的目标进行统筹安排，结合自身特点制定可行的市场营销战略。营销战略包括目标市场战略、营销组合策略和营销预算。

（5）制定行动方案。营销活动的开展从时间上到协调上需要制定一个统筹兼顾的方案，要求选择合适的产品上市时间，同时要有各种促销活动来协调和照应，而各个促销活动在时间和空间上也要做到相互协调。

（6）预测效益。营销策划人员要编制一个类似损益报告的辅助预算，在预算书的收入栏中列出预计的销售数量及平均净价，在支出栏中列出划分成细目的生产成本、储运成本及市场营销费用。预计的收入与预计的支出的差额就是预计的盈利。经企业领导审查同意后，它就成为有关部门和有关环节对采购、生产、人力及市场营销工作安排的依据。

（7）设计控制和应急措施。设计控制和应急措施的目的是事先充分考虑到可能出现的各种困难，防患于未然。可以简明扼要地列出最有可能发生的某些不利情况，指出有关部门、人员应当采取的对策。

（8）撰写营销策划书。这是企业营销策划的最后一个步骤。营销策划书是营销策划方案的书面表达形式，也叫企划案，其主体部分包括现状或背景介绍、分析、目标、战略、战术或行动方案、效益预测、控制和应急措施，各部分内容可因具体要求不同而详细程度不一。

## （三）营销策划书的撰写

撰写营销策划书是企业营销策划的最后一个步骤，就是将营销策划的最终成果整理成书面材料，即营销策划方案，也叫企划案。规范地编写营销策划书有助于营销决策人员和组织实施人员最大限度地了解营销策划人员的意图和策划思想，在充分理解的基础上选择和执行营销方案，使策划的效果尽可能得以实现。

### 1. 营销策划书的基本结构

策划书没有一成不变的格式，它依据产品或营销活动的不同要求，在策划的内容与编制格式上有所变化。但是，从市场营销策划活动的一般规律来看，其中有些要素是共通的。营销策划书的基本结构如表1-1所示。

表1-1　　　　　　　　　　　　　营销策划书的基本结构

| 策划书的结构 | | 要素 |
| --- | --- | --- |
| 封面 | | 整体形象 |
| 前言 | | 前景交代 |
| 目录 | | 一目了然 |
| 概要 | | 思路与要点 |
| 正文 | 市场状况分析 | 依据和基础 |
| | SWOT分析 | 提出问题 |
| | 营销战略与策略 | 对症下药 |
| | 行动方案与控制 | 易于实施 |
| 结束语 | | 前后呼应 |
| 附录 | | 提高可信度 |

（1）封面。营销策划书的封面应包含以下信息：策划书名称、客户名称、策划机构或策划人的名称、策划完成日期及本策划适用时间段、编号。

（2）前言。这是营销策划书正文前的情况说明部分，内容应简明扼要，不得超过500字，让人一目了然。其主要内容包括接受委托的情况，如 X 公司接受 Y 公司的委托，就××年度的广告宣传计划进行具体策划；本次策划的重要性与必要性；策划的概况，即策划的过程及达到的目的。

（3）目录。目录的作用是使营销策划书的结构一目了然，同时有助于阅读者方便地查询营销策划书的内容。因此，营销策划书的目录尽量不要省略。

（4）概要。概要类似于一篇论文的内容提要，它是对营销策划内容的高度概括。阅读者应能够通过概要大致理解策划内容的要点。概要的撰写同样要求简明扼要，篇幅不能过长，一般控制在一页纸以内。另外，概要不是简单地将策划内容予以列举，而是要单独成一个系统，因此其遣词造句等都要仔细斟酌，要起到"一滴水见大海"的效果。

（5）市场状况分析。市场状况分析包括宏观环境分析、消费者分析、产品分析和竞争对手分析 4 个方面。其中，宏观环境分析是指 PEST 分析，P 是政治（Politics），E 是经济（Economy），S 是社会（Society），T 是技术（Technology）。

（6）SWOT 分析。SWOT 分析是对企业的优势、劣势，以及外部环境的机会、威胁进行的全面分析评估。通过 SWOT 分析确定企业经营中的主要问题。

（7）营销战略与策略。营销战略与策略是营销策划书中最重要的部分。在撰写这部分内容时，应非常清楚地提出营销目标、营销战略及营销策略。

- 营销目标。营销目标说明企业在营销方面的发展方向，通常包括市场占有率、销售额、市场覆盖率、销售增长率等。
- 营销战略。营销战略是为达到营销目标而进行的全局性、方向性的部署与规划，主要包括目标市场战略、产品开发战略、竞争战略、国际营销战略等。
- 营销策略。营销策略即营销组合策略，就是企业的综合营销方案，即企业根据自己的营销目标与资源状况，针对目标市场的需要对自己可控制的各种营销因素进行优化组合和合理的综合运用。其主要有产品策略、价格策略、分销策略和促销策略。

（8）行动方案与控制。在实施营销策划之前，营销策划人员还要将各项营销策略转化成具体的活动程序，因此应设计详细的行动方案。行动方案主要包括组织机构、行动程序安排、营销预算与行动方案的控制。

（9）结束语。根据情况，结束语可被省略，它主要起到与前言呼应的作用。

（10）附录。附录可提供策划客观性的证明。凡是有助于阅读者理解、信任策划内容的资料都可以被列入附录。附录也要标明顺序，以便阅读者查找。

### 2. 营销策划书的撰写技巧

营销策划书和一般的报告文章有所不同，它对可信性、可操作性以及说服力的要求特别高。因此，撰写营销策划书应注意以下内容。

（1）寻找一定的理论依据。营销策划人员要提高策划内容的可信性并使阅读者易于接受，就要为观点寻找理论依据。但是，理论依据要有对应关系，纯粹的理论堆砌不仅不能提高可信性，反而会给人脱离实际的感觉。

（2）适当举例。这里的举例是指通过正反两方面的例子来证明自己的观点。在营销策划书中加入适当的成功与失败的例子，既能起到调整结构的作用，又能增强说服力，可谓一举两得。需要指出，举例宜多举成功的例子，选择一些先进的经验与做法以印证自己的观点是非常有效的。

（3）利用数字说明问题。营销策划书是一份指导企业实践的文件，其可靠性是营销决策人员首先要考虑的。营销策划书的内容不能查无实据，任何一个论点都应有依据，而数字就是很好的依据。在营销策划书中利用各种绝对数和相对数来进行说明是不可少的。要注意的是，各种数字都应有出处以证明其可靠性。

（4）运用图表帮助理解。运用图表有助于阅读者理解策划的内容，同时还能提高页面的美观性。图表具有强烈的直观效果，因此，用图表进行比较分析、概括归纳、辅助说明等都非常有效。图表还有助于调节阅读者的情绪，有利于阅读者加深对营销策划书的理解。

（5）合理安排版面。营销策划书的视觉效果在一定程度上影响策划的最终效果。合理安排版面也是撰写营销策划书的技巧之一。版面安排的要素包括字体、字号、字与字的空隙、行与行的间隔及插图和颜色等。如果营销策划书的字体、字号完全一样，没有层次之分，那么这份营销策划书就会显得呆板、缺少生气。总之，通过合理安排版面可以使营销策划书的重点突出、层次分明、严谨而不失活泼。

（6）注意细节，消灭差错。这一点对于营销策划书来说十分重要，但却往往被忽视。如果一份营销策划书中错别字连续出现，阅读者怎么可能对营销策划人员抱有好的印象呢？因此，要反复、仔细检查营销策划书，不允许有任何差错出现，对企业的名称、专业术语等更应仔细检查。

# 二、营销策划职业素养的培养

营销策划是一项富有创意的系统工程，是需要投入大量智慧的高难度脑力劳动，是必须在充分发挥营销策划人员智慧的基础上才能够进行的营销活动。因此，作为营销策划活动的主体、核心的营销策划人应符合基本的素质要求与能力要求，以保证营销活动顺利地开展。

## （一）营销策划人员的素质要求

优秀的营销策划人员应具有良好的思想素质、心理素质和知识素质。

### 1．思想素质

营销策划人员应具有强烈的事业心和高度的责任感，同时还要有高尚的品德。高尚的品德具体表现在公正廉洁、豁达大度、诚实守信、实事求是等方面。

营销策划人员需要树立两种责任意识。一是社会责任，营销策划人员不能为了策划而策划，不考虑社会责任。二是企业责任，企业的最终目是通过策划一系列活动获得更多的利益，因此，营销策划应保证企业利益最大化。

### 2．心理素质

优秀的营销策划人员应具有良好的心理素质，凡事积极进取，从不消极懈怠；凡事喜欢思考，喜欢问为什么；不盲从，不满足于现状；乐于迎接挑战，有独特的见解和与众不同的想法；善于学习和借鉴他人的长处，能够博采众家之长，不固执已见。

### 3．知识素质

营销策划人员要掌握综合知识和技能，这包括经济学、行为科学、数学、统计学、心理学、社会学、生态学、商标学、广告和法律等学科的知识与技能。同时，营销策划人员应有丰富的阅历和营销经验，对企业在营销各个环节出现的问题能做出准确的判断。营销策划人员要了解社会现象，掌握社会心理，熟悉行业专业知识、政策法规，才能制定切合实际的策划方案；也要掌握互联网和现代传媒知识，这些都是对营销策划人员的要求。

## （二）营销策划人员的能力要求

人的策划能力实际上是诸多要素综合作用的结果。它既不是天生的，也不是一朝一夕可以形成的，而是一个人经过长时间艰苦的自我学习、自我磨炼、自我提高而获得的一种综合能力。因此，营销策划人员应在工作中练就以下能力。

### 1. 洞察能力

营销策划人员富有直觉思维，对环境、问题有敏锐的洞察力，可以迅速察觉一般人没有注意到的情况甚至细节，能够在一般人习以为常的事物中发现问题，并挖掘其本质。

### 2. 想象能力

营销策划人员富有丰富的想象力，能够进行开放式思考和想象；能够找出表面互不相干的事物之间的联系，考虑解决复杂问题的多种方法或途径；能够创造性地在现实与目标之间架起桥梁，提出和完善解决问题的构思与创意。

### 3. 分析能力

营销策划人员拥有理性的思维习惯，能够冷静地深入思考问题，对各种解决问题的方案进行优劣分析和评价；能够从众多策划构想或创意方案中发现闪光点，丰富、发展和完善策划方案。

### 4. 执行能力

营销策划人员不仅要具备敏锐的观察力，而且要善于调动所有可利用的社会资源，有良好的执行控制能力，有处理各方面关系的沟通能力与协调能力。

除此之外，营销策划人员还应该具备群体效能。所谓群体效能是指以最有效益和最能发挥能量的原则来进行群体组合，从而达到巧妙策划、有力传播、正确操作和科学评估的能力。营销策划工作包罗万象，客观上任何一个策划者都不可能具备所有能力素质，因此将不同的人按"优势互补"的原则组合在一起，有助于发挥群体策划的作用。

### 边学边做

一位刚从学校毕业的大学生在一个化妆品专卖店打工，由于粗心大意，在进行护手霜订货时多打了一个0，使原本每天只需10瓶的产品变成了100瓶。按规矩，该大学生应该自己承担损失，这意味着她一个月的打工收入将付之东流。这就逼着她想方设法将这些护手霜赶快卖出去。经过苦思冥想，她把护手霜移到收银台旁边，并制作了一个卖点广告（Point of Purchase，POP），写上"××护手霜让你的手和脸一样嫩"。令她意想不到的是，当天就卖了40瓶，第二天即销售一空，而且出现断货。

用优秀营销策划人员需具备的素质要求来分析，你认为这位大学生怎么样？这位大学生戏剧性的创意举措为什么能给专卖店带来新的销售增长点？如果是你，你认为还可怎样策划来进一步掀起销售热潮？

# 三、营销策划组织的准备

营销策划的准备工作是营销策划工作的第一步，它包括建立营销策划的组织机构、规划营销策划工作的流程及明确营销策划工作的特点。

## （一）建立营销策划公司的组织机构

营销策划工作，可以划分为企业内部自主型营销策划和企业外部参与型营销策划。

企业内部自主型营销策划，是指企业内部专职营销策划部门，例如，策划部、营销部、市场部、公关部或销售部等，所从事的市场营销策划活动。其特点是熟悉企业内部的资源状况和条件，制定的策划方案具有较强的可操作性，但方案的创意和理念受企业文化或管理体制的约束而缺乏开拓创新精神。

企业外部参与型营销策划，是委托企业以外专门从事营销策划的企业，例如，营销策划公司、管理咨询公司、市场调研公司、广告公司或公关公司等企业，所从事的市场营销策划活动。有的企业也委托高等院校、科研院所的教授、双师型教师参与企业的市场营销策划。其特点是显性投入高、隐性投放少、起点高、视角不同、创意新奇、理念设计的战略指导性强、方案制定的逻辑系统性强，但可操作性可能不强。

营销策划公司或管理咨询公司在组织结构上一般由客户部、市场调查部、创意文案部、设计制作部、推广销售部及行政管理部（包括行政、财务、人事等管理人员）等部门构成。

营销策划公司的组织机构如图 1-4 所示，其基本的组织形态特点是资源集中性和小组作业中心制。

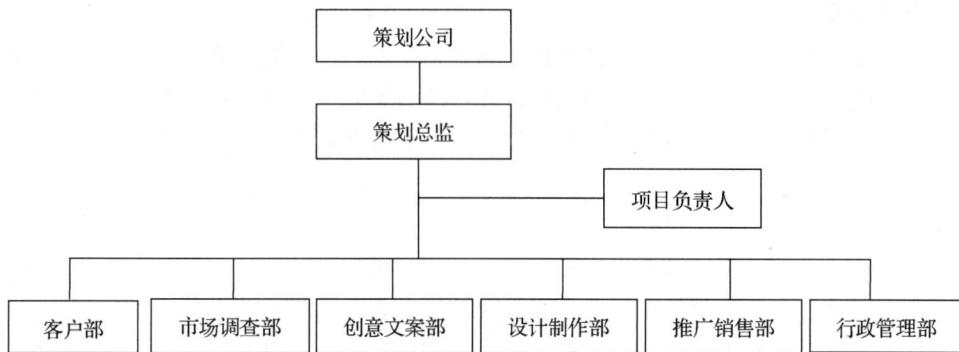

图 1-4　营销策划公司的组织机构

### 营销视野

1. 世界知名策划机构

跨国智囊团——国际应用系统分析研究所

世界脑库的杰出代表——美国兰德公司

现代咨询业的巨人——美国麦肯锡公司

现代咨询业的多面手——美国斯坦福国际咨询研究所

追赶兰德的脑库——日本野村综合研究所

战略问题高手——德国罗兰·贝格公司

2. 中国策划机构或网站

中国策划研究院、中国企划网、中华品牌管理网、中国策划人才网、营销传播网、世界经理人网站、叶茂中营销策划机构。

## （二）规划营销策划工作的流程

营销策划是一个系统化的工作体系，其典型的营销策划工作的全过程可分为 3 个阶段、6 个工序。3 个阶段即前期准备工作阶段、中期主体工作阶段、后期实施工作阶段。3 个阶段又可细分为市场调研、SWOT 分析、目标与定位、创意与方案、策略与组合、管理与评估 6 个典型的工序，如图 1-5 所示。

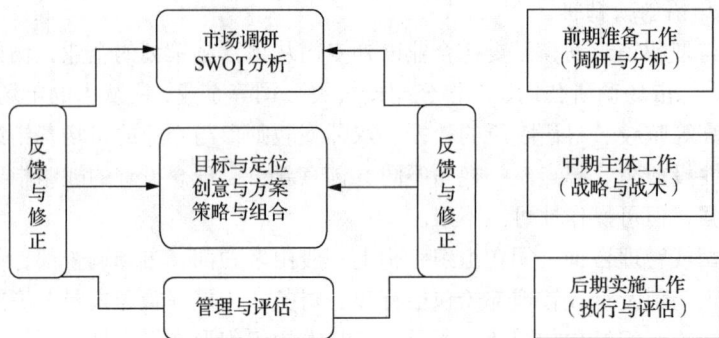

图 1-5　营销策划工作流程

### 1. 市场调研

市场调研是营销策划的前提。在此阶段，第一，要寻求营销策划项目，确认项目合约。第二，营销策划主管或项目负责人充分与客户沟通，准确领会客户对未来营销策划活动的构想及要求。第三，进行相关的项目调研、资料收集及数据采集等必要的技术准备。第四，初步进行项目工作分析和任务拟定。

### 2. SWOT 分析

SWOT 分析是营销策划的基础。在此阶段，一是客观全面地分析企业市场情况，例如，宏观环境、行业动态和竞争对手分析。二是对某一具体企业进行 SWOT 分析，包括优势、劣势、机会与威胁分析。三是对项目结果进行综合分析，提交报告，为制定营销目标、营销战略与策略及营销措施打好基础。

### 3. 目标与定位

目标与定位是营销策划的核心。在此阶段，一是确立目标，召开项目策划组会议，讨论所要解决的问题，制定企业的整体目标与营销目标。二是量化目标，例如，扩大销量 30%、缩短流通时间 20%等，保证目标切实可行。

### 4. 创意与方案

创意与方案是营销策划的灵魂和生命。在此阶段，一是寻求策划线索。二是产生创意，创意是策划的必备要素，是将灵感、突发念头等层次的想法，酝酿成可能实现的构想或想法。三是提交策划方案，策划方案包括营销策划的目标、战略、策略。

### 5. 策略与组合

策略与组合是营销策划的关键。在此阶段，一是根据市场营销策略的要求，对可控因素加以整合策划。二是依据市场营销组合的要求，对产品、价格、渠道、促销等可控因素进行分别策划，保证策略组合具体化和具有可控性。

### 6. 管理与评估

管理与评估是营销策划的保证。在此阶段，一是调整。对存在分歧的问题进行分析研究，提出可供选择的解决措施；分析存在的问题和难点，商定解决方案；随时根据市场的反馈对方案进行及时调整。二是执行。根据营销策划的要求，实施各项推广方案及措施。三是评估。对营销策划方案实施的效果测评，可分为阶段性测评和终结性测评。对经济效果的测评主要采用定量测评方法。

## （三）明确营销策划工作的特点

营销策划是营销管理活动的核心，是将营销活动中的每个环节引入全新的想法与创意，以及事先做的整体规划。营销策划工作具有以下 3 个特点。

### 1. 项目小组制

营销策划工作主要以专项营销策划工作任务为中心组成项目小组。每个项目小组既可独立运作完成某一项目，也可协同工作，共享信息、技术与人力资源。

### 2. 团队合作化

营销活动的综合性和跨界性特点影响策划的整体协作。如项目确立、目标定位、行动方案完成等工作在团队合作的前提下才能顺利实施，这就要求每个项目小组成员具备整体观念与合作意识，以利于团队成员在知识、能力、素质等方面取长补短，优化工作结构和系统化的分工。

### 3. 创意新颖性

营销策划的灵魂是创意。营销策划人员要整合资源，以最小的投入获取最大的效果，这也是营销策划的本质要求。

---

**议一议**

1. 如何理解典型的营销策划工作流程？
2. 营销策划工作特点有哪些？为什么说创意与方案是营销策划的灵魂？

---

# 自我检测

## （一）单选题

1. 营销策划的一般过程中首先实施的是（　　）。
   - A. 制定营销战略
   - B. 制定行动方案
   - C. 市场调查
   - D. 了解现状
2. 营销策划创新主要是对（　　）的创新。
   - A. 产品
   - B. 营销策略和营销理念的创新
   - C. 技术
   - D. 企业管理
3. （　　）是营销策划书中的最重要的部分。
   - A. 营销战略与策略
   - B. 市场状况分析
   - C. SWOT 分析
   - D. 概要

## （二）多选题

1. 策划的三要素包括（　　）。
   - A. 明确的主题目标
   - B. 崭新的创意
   - C. 实现的可能性
   - D. 详细的实施计划

2. 在营销策划中，创造性营销思维的主要特征有（　　　）。

　　A. 积极的求异性　　　　　　　　B. 敏锐的洞察力

　　C. 良好的人际因素　　　　　　　D. 丰富的想象力和灵感

3. 下列属于营销策划方法的有（　　　）。

　　A. 点子法　　　　B. 创意法　　　　C. 谋略法　　　　D. 运筹法

## （三）简答题

1. 如何理解营销策划的概念？

2. 营销策划人员应具备哪些基本素质和能力？

3. 完整的营销策划书包括哪些内容？

# 课中实训

## 【背景介绍】

快消品一直以来都是营销策划行业最为关注的市场之一。本项实训以营销策划岗位为学习情境，针对快消品行业进行营销策划，特选取君乐宝旗下的白小纯品牌，为其进行营销策划方案的编制。

君乐宝总部位于河北省石家庄市，其成立于 1995 年，现拥有 9 家子公司，集产销研于一体，是河北省最大的乳制品加工企业之一。2018 年君乐宝乳业旗下上市仅一年的常温液态奶全新品牌"白小纯"异军突起，助力君乐宝常温液态奶的销售额实现 30%的增长，品牌初建即具有旺盛的生命力和市场潜力。君乐宝-白小纯聚焦新一代年轻消费人群，定位于"新一代原生嫩牛乳"。为进一步夯实品牌形象、提高品牌知名度和美誉度，君乐宝需要对其产品进行整合营销策划，为其营销决策提供有效支持。请收集相关资料，制定君乐宝-白小纯的营销策划方案，并撰写君乐宝-白小纯营销策划书。

# 实训一 组建营销策划团队

## 【实训目的】

营销策划工作的显著特点是项目小组制、团队合作化等。因此，本课程第一个实训项目是组建营销策划团队，要求学生自行组建团队，加强团队建设，通过成员协作共同完成营销策划实训任务，以提高学生的团队意识和增强合作能力。

### 任务 1 明确营销策划工作岗位及岗位能力要求

【任务描述】

组建营销策划团队，首先要熟悉营销策划工作的性质及特点，明确营销策划部门中岗位设置及岗位能力要求，掌握岗位设置原则。

【任务操作】

1. 全班 4～6 人一组，在教师指导和自愿选择的基础上，结合学生本人选择具体内容意向，组建营销策划团队。

2. 利用互联网，搜集世界知名策划机构、我国知名策划机构或网站，分析其营销策划机构的类型与设计原则。

3. 选举确立营销策划团队负责人。

4. 写出营销策划团队所需要设置的岗位数量及名称。

5. 撰写各类营销策划岗位能力要求。

6. 绘制营销策划团队岗位设置图。

7. 将研究结果填入任务操练记录单（见表 1-2）。

【操练记录】

表 1-2 营销策划团队岗位设置

| 研究内容 | 研究结果 |
| --- | --- |
| 团队负责人 | |

续表

| 研究内容 | | 研究结果 |
|---|---|---|
| 营销策划团队需要设置的岗位数量及名称 | 岗位数量 | |
| | 岗位 1 | |
| | 岗位 2 | |
| | 岗位 3 | |
| | 岗位 4 | |
| 各岗位对应的能力要求 | 岗位 1 对应能力 | |
| | 岗位 2 对应能力 | |
| | 岗位 3 对应能力 | |
| | 岗位 4 对应能力 | |
| 绘制营销策划团队岗位设置图 | | |

### 任务 2　营销策划团队的构建及命名

**【任务描述】**

本项任务要求学生正确认识营销策划各工作岗位及能力要求，根据对岗位的认知进行自我认知，并定位自己在营销策划团队中的工作岗位，确定团队名称，构建相应的团队文化。

**【任务操作】**

1. 写出自己对营销策划工作各岗位的认识，进行自我认知及定位。

2. 确立团队负责人。每个学生首先进行思考：自己是否可以担当起发起人的职责，如果不适合，请推荐班上其他同学。

3. 发起人牵头进行营销策划团队成员分工，针对营销策划各岗位能力要求配备相应人员。

4. 确立营销策划团队名称，并进行命名阐述。

5. 团队文化的构建，包括团队标志、团队目标、团队理念、团队口号、团队行为规范等的开发设计。

6. 将研究结果填入任务操练记录单（见表 1-3）。

**【操练记录】**

表 1-3　　　　　　　　　　营销策划团队的构建及命名

| 研究内容 | | 研究结果 | | |
|---|---|---|---|---|
| 对营销策划工作各岗位的认识 | 岗位认知 | | | |
| | 自我认知 | | | |
| | 岗位认定 | | | |
| 模拟团队负责人 | | | | |
| 团队成员分工 | | 姓名 | 岗位名称 | 岗位职能 |
| | | | | |
| | | | | |
| | | | | |
| | | | | |

续表

| 研究内容 | | 研究结果 |
|---|---|---|
| 团队命名 | 团队命名 | |
| | 命名阐述 | |
| 团队文化构建 | 团队标志 | |
| | 团队目标 | |
| | 团队理念 | |
| | 团队口号 | |
| | 团队行为规范 | |

# 实训二 掌握营销策划工作流程

## 【实训目的】

通过实训，学生能够感悟营销策划的魅力，深入理解营销策划的整体概念，初步掌握营销策划的原则、工作流程和方法，增强对后续知识与技能学习的兴趣与信心。

### 任务 1 寻访企业营销策划人员
### 【任务描述】

本项任务要求学生寻访某一个企业营销策划人员，并分析营销策划工作流程、任务、特点及营销策划人员必备的素质与技能。通过让学生采用线上或线下寻访企业营销策划人员的方式，培养学生关注企业和学习营销策划的兴趣，调动其参加社会实践活动的主动性、积极性。

### 【任务操作】

1. 确定寻访对象，了解你所选中的寻访对象个人基本情况，如姓名、年龄、工作年限、工作经验、业务范围、主要工作经历。
2. 制作寻访卡片，设计寻访内容。
3. 约定具体的寻访时间。
4. 和企业营销策划人员见面或网络约见，介绍自己的寻访目的、寻访内容。
5. 整理寻访资料，补充完整。
6. 撰写寻访报告，字数在 1 000 字左右，记录寻访过程，总结收获和心得。
7. 将研究结果填入任务操练记录单（见表 1-4）。

### 【操练记录】

表 1-4　　　　　　　　　　寻访企业营销策划人员

| 研究内容 | 研究结果 |
|---|---|
| 寻访对象基本情况 | |
| 寻访时间地点 | |
| 寻访卡片内容 | |
| 寻访感受体会 | |
| 对营销策划工作的认识 | |

### 任务2 结合案例描述营销策划的特征与步骤

**【任务描述】**

本项任务要求学生搜集并分析优秀营销策划案例，深入理解一个成功的营销策划应具备哪些特征，明确营销策划的工作流程和内容。

**【任务操作】**

1. 搜集营销策划案例，选取一个自认为比较优秀的营销策划个案。
2. 列出本营销策划案的特点。
3. 对照教材内容逐条进行理性分析，分析其特征，运用的关键原理。
4. 将自己的理解归纳出来，填入任务操练记录单（见表1-5）。

**【操练记录】**

表1-5　　　　　　　结合案例分析并描绘营销策划的相关内容

| 研究内容 | 研究结果 |
| --- | --- |
| 营销策划的特点 | |
| 营销策划的内容 | |
| 营销策划的方法 | |
| 营销策划的工作流程 | |
| 该案例的创新性 | |

# 实训三　撰写君乐宝-白小纯的营销策划书

## 【实训目的】

本次实训要求学生了解营销策划书的结构、掌握营销策划书的编制思路和步骤、学会营销策划书的内容排版和封面设计，能够根据行业产品特点，编制切实可行的营销策划书。

### 任务1 君乐宝市场环境分析

**【任务描述】**

开展营销策划，首先要进行有效的市场状况分析。市场状况分析主要包括以下内容：（1）宏观环境分析；（2）消费者分析；（3）产品分析；（4）竞争对手分析。在此基础上，利用SWOT分析模型，进一步明确企业的优势、劣势、机会和威胁。

**【任务操作】**

1. 阅读任务单，明确任务内容与任务目标。
2. 阅读背景资料，学习相关理论知识。
3. 通过营销调研，了解君乐宝营销现状。
4. 利用PEST分析模型进行宏观环境分析。对宏观环境变化的分析，有助于为企业和产品营销提出有预见性、实施性的建议。
5. 利用消费者行为分析对现有的消费者群体进行分类分级管理，以及运用大数据对消费者进行客户画像，方便找出潜在的消费者。
6. 运用产品分析通过对产品的深入了解，发现产品的特点、适合的人群和独特的优势等，以便找到市场的切入点。

7. 明确企业面临的竞争对手及竞争策略，将竞争对手的数据和本企业的数据进行对比，从而找到相对竞争对手而言，企业的优势和劣势。

8. 利用 SWOT 分析模型，明确企业的优势、劣势、机会和威胁。

9. 将研究结果填入任务操练记录单（见表 1-6）。

【操练记录】

表 1-6　　　　　　　　　　　君乐宝市场环境分析

| 研究内容 | 研究结果 |
| --- | --- |
| 营销现状 | |
| 宏观环境分析 | |
| 消费者分析 | |
| 产品分析 | |
| 竞争对手分析 | |
| SWOT 分析 | |

### 任务 2　君乐宝-白小纯营销策划方案编制

【任务描述】

本项任务重点考查学生调研、策划和整体规划的能力，各团队需要编制一份君乐宝-白小纯营销策划书。策划书要包括但不局限于以下内容：（1）市场环境分析；（2）SWOT 分析；（3）营销目标；（4）具体营销战略与策略；（5）行动方案与控制。

【任务操作】

1. 阅读任务单，明确任务内容与任务目标。

2. 阅读背景资料，学习相关理论知识。

3. 浏览营销策划专业网站上的策划书，加深对营销策划书编制的认识。

4. 小组讨论：描述营销策划书的结构，总结营销策划书的撰写技巧。

5. 营销策划书前文的设计，包括封面设计、标题设计、前言、目录、概要等。

6. 营销策划书正文及附录的撰写，包括进行营销调研，完成市场环境分析；进行 SWOT 分析，明确企业优势、劣势、机会和威胁；制定营销目标；制定营销战略与策略；明确具体行动方案与控制。此部分内容，小组成员分工合作，共同来完成。

7. 修改、完善营销策划书并制作 PPT。

8. 小组 PPT 汇报展示。

9. 将研究结果填入任务操练记录单（见表 1-7）。

【操练记录】

表 1-7　　　　　　　　　　　君乐宝-白小纯营销策划方案

| 研究内容 | 研究结果 |
| --- | --- |
| 封面 | |
| 前言 | |
| 目录 | |

续表

| 研究内容 | 研究结果 |
|---|---|
| 概要 | |
| 市场环境分析 | |
| SWOT 分析 | |
| 营销战略与策略 | |
| 行动方案与控制 | |
| 结束语 | |
| 附录 | |

## 课后提升

### 经典案例：蒙牛，再创营销新浪潮

近年来，蒙牛在营销中频频推出奇思妙想，在创新和创意的大道上一路高歌猛进。

第一，创意无极限。

2020 年，蒙牛为了缓解考生心理压力，精选各学科题目，把这些题目印在包装盒上，推出高考押题奶。蒙牛邀请各科专业教师出题，把题目印在牛奶盒上，还联合曲阜三孔景区推出了"曲阜孔庙祈福款隐藏包装"，在包装上印上孔子形象，并借助盲盒的玩法，将祈福款设置为隐藏款。

在这次营销中，蒙牛在每款押题奶下面还精心准备了文案。"在 $X$ 坚持一下，就会在 $Y$ 进步一点""努力就像硫化铝，不能接受一点水分"等文案，不但有助于考生在大考前减压，还可以给考生打气，帮助考生树立信心。

第二，走在同行前面手握知名 IP。

2021 年 9 月，北京环球度假区盛大开业。蒙牛早在 2017 年便成了环球度假区首家中国品牌企业合作伙伴。在环球度假区，蒙牛打造了冰激凌与牛奶工坊，游客可以手工制作各种新奇的冰激凌。

蒙牛还推出了 20 多款环球度假区定制包装，灵感来自小黄人乐园、变形金刚基地、侏罗纪世界努布拉岛、功夫熊猫盖世之地等环球影城中的电影 IP。

第三，将创意营销和热销单品有机结合，玩出裂变效果。

2021 年，特仑苏推出"更好"系列微电影，使得特仑苏的"更好"与蒙牛"天生要强"相呼应。在青年节、儿童节、教师节，特仑苏陆续推出了多个主题微电影，宣扬青春做主、包容多元、理解鼓励的青年文化，与年轻人共情，在抖音等短视频平台引起热议。

而蒙牛打造的年轻化、时尚化新潮单品中，通过创意营销实现成功跨界而红的，远不止特仑苏一款。对已经火爆销售 20 年的"随变"，蒙牛在 2021 年推出焦糖珍珠、朗姆酒口味爆浆流芯等新潮产品，成功吸引了年轻消费者。

2021 年，真果粒、酸酸乳结合包装升级，和年轻消费者成功互动，相继推出红柚四季春等多款新品，为行业打开了国货乳业品牌年轻化的新思路。

**第四，结合国潮文化，蒙牛同样进行了大量跨界营销创新。**

比如，蒂兰圣雪联名小罐茶品牌推出中国茶系列杯装产品，将我国传统文化自然融入冰品消费体验，凭借"一杯中国茶，一寸好时光"吸引了大批年轻消费者的关注。

2022年，是航天大年、体育大年。航天和体育这两大领域，是包括乳业在内的各大消费品牌必争之地，而蒙牛已经早早做了布局。

早在2003年，蒙牛就和中国航天结缘。在2022年这一航天大年，蒙牛更是当仁不让，提出"天生要强"的品牌精神，以此为中国航天加油欢呼。

总之，蒙牛的创意营销给品牌带来了更多年轻张扬、拼搏奋斗的元素。同时，通过有针对性的产品创新和跨界营销，蒙牛与年轻群体紧紧联系在一起。蒙牛品牌，也给人一种年轻、焕然一新的感觉。

**案例分析：**

1. 请列出两个蒙牛营销策划创意实例。
2. 蒙牛如何撬动年轻消费市场？

## 拓展训练 ↓

【游戏名称】高空飞蛋

【训练目标】学生在互助合作中发挥创意。

【实施步骤】

1. 以营销策划团队为单位，每组有一套材料，其包括鸡蛋一枚，小气球一个，塑料袋一个，竹签4根，塑料匙、塑料叉各两支，橡皮筋6条。

2. 每组成员在25分钟后到指定的3层楼地点把鸡蛋放下来，为了不使鸡蛋摔破，可以用所给的材料设计保护伞。

3. 25分钟后，每组留一位成员在3层楼高的地方放鸡蛋，其他成员到楼下空地观看及检查落下的鸡蛋是否完好。

4. 鸡蛋完好的小组评选为优胜组，进入决赛。

【相关讨论】

1. 请问你们小组的创意是什么？
2. 在小组合作过程中，大家的协调程度如何？

# 项目二

# 营销调研策划

## 知识目标

1. 明确营销调研策划的概念及作用。
2. 熟悉营销调研策划的流程。
3. 掌握营销调研的技术。

## 技能目标

1. 具备营销调研策划的能力。
2. 具备收集、整理和分析资料的能力。
3. 学会撰写营销调研报告。

## 素养目标

1. 培养学生理论和实践相结合的综合素质。
2. 提高学生对营销环境分析的调研能力。
3. 培养学生洞察问题的能力。

## 思维导图 ↓

营销调研策划
- 认识营销调研策划
  - 营销调研策划的概念及作用
  - 营销调研策划的内容
  - 营销调研策划的流程
  - 营销调研方案的设计
- 运用营销调研技术
  - 调查问卷设计技术
  - 抽样调查技术
- 组织实施营销调研
  - 收集资料与开展调研活动
  - 撰写营销调研报告

## 👤 案例导入

### 太平鸟：服饰行业新零售转型路径

太平鸟发布 2021 年公司年报，其中提到公司实现营业收入 109.21 亿元，同比增长 16.34%。营业收入首次突破百亿元大关，太平鸟取得自成立以来的最好业绩。太平鸟成立 20 多年，从街边店铺、单个女装品牌，发展到线下拥有近 4 900 家门店，年营业额超过百亿元。从太平鸟的发展可以看到国内服饰行业的发展趋势和数字化转型路径。

**1. 创新突破：以消费者为中心，携手阿里，用数据优化供应链，线上线下全渠道运营**

太平鸟自 2008 年开始在淘宝商城开店，淘宝/天猫线上门店不仅给太平鸟带来了新的通道和收入，还提供了对消费者的分析和洞察及数据驱动的商业逻辑等隐性利益。过去服饰品牌商了解消费者对产品的需求更多的是通过访谈调研和抽样，依靠行业经验去捕捉时尚的变化，现在可以通过网络消费者的地理分布及年轻消费者的喜好对消费者进行画像，并依据这些消费者信息优化产品设计和生产。现在的互联网消费者主体是"90 后"及"00 后"，这些年轻的消费者年均消费增长率较高，对服饰行业而言，抓住年轻人就是抓住未来。年轻消费者是网络线上购物的主要人群，因此线上渠道是太平鸟触达消费者的重要途径，有助于太平鸟更准确地了解消费者对产品和时尚的需求。

**2. 精准定位：基于青年的视角，将国潮通过国际化的设计语言呈现在消费者面前**

2018 年 2 月 7 日，纽约时装周天猫中国日，太平鸟和其他服装品牌携一众中国元素服装亮相国际舞台，引发了国潮风，在国内社交网络受到广泛关注，这一举动时至今日仍是不少人津津乐道的话题。

2019 年 5 月 10 日，太平鸟携旗下全品牌当季新品以"PEACEBIRD TIME"快闪展览创意亮相中国品牌日现场，再次掀起了国潮风。

**3. 行业进化：服饰行业的发展趋势是数据驱动的全渠道融合运营**

2019 年，太平鸟的战略是"聚焦时尚，数据驱动，全网零售"。其中在数据驱动方面，主要包括门店的数据化改造、门店的数据收集、大数据门店选址、智能算法驱动商业决策等数字化变革。

首先是门店的数据化。太平鸟会通过销售门店获取大量数据信息，了解各种尺码、款式的产品在某一门店的销售情况。对于销量好的产品，太平鸟目前通过每周两次的产销协调会议对信息进行反馈以确定补单，并且把补单货品按数据分析结果、按不同数量分发到不同的门店。这样一来，就将以前补单需要的 40 天周期成功缩短为 10～14 天。

其次是将供应链数据信息打通。太平鸟不仅将各个数字化门店的销售动态实时数据直接提供给供应商、加盟商，而且太平鸟的企业资源计划（Enterprise Resource Planning，ERP）系统实现了和外包生产工厂的数据打通。这样，数据在产业链的各个环节都能够传递畅通，并最终实现了快速跟踪市场变化、以销定产的目的。

太平鸟和阿里的合作模式有助于为服饰行业赋能。这种赋能将深刻影响上游的时尚设计，中游的生产制造，下游的品牌传播、产品分销、物流分发、门店运营、精准营销等环节，这种合作模式可以作为剖析中国服饰行业新零售未来转型路径的典型样本。新零售的核心载体是高度数字化并可以通向智能化的商业基础设施。太平鸟基于数据能力驱动，实现了供应链的全网营销，利用平台统筹管理各业务板块数据并将在未来做到精准营销和智慧运营。这是推进太平鸟战略未来走向纵深的关键布局，也是推动传统服饰行业与新技术深度融合的全方位变革。

**讨论：**
1. 结合案例分析营销调研的必要性。
2. 为什么说营销调研是营销策划的前提和基础？
3. 分析太平鸟新零售转型成功的原因。

## 课前自学

　　营销调研是营销策划的重要组成部分，每项成功的营销策划都需要大量的前期调研工作，需要对背景资料进行整理分析。同时，调研的资料和方式的可靠性、问题分析的正确性，将影响着营销策划和方案设计能否顺利进行。本项目主要介绍营销调研策划的基本知识、营销调研技术、营销调研的组织实施。

# 一、认识营销调研策划

　　营销调研是一项复杂、严肃、技术性较强的工作。在进行实际调研前，应对调研工作的各个方面和各个阶段进行通盘的考虑和安排，以提出相应的调研计划，制定合理的工作流程。这就需要进行营销调研策划，制定调研方案。

## （一）营销调研策划的概念及作用

　　营销调研策划是指调研人员为某一个特定的营销决策问题而收集、记录、整理、分析、研究市场的各种状况及其影响因素，并由此得出结论的系统活动过程。

　　营销调研策划可以采用两种方式：一是委托专业市场调查企业来做；二是企业自己来做，企业可以设立市场研究部门，负责此项工作。

　　营销调研策划的作用在于有利于制定科学的营销规划，有利于优化营销组合，有利于企业开拓新的市场。

## （二）营销调研策划的内容

　　没有调研就没有发言权，调研是营销策划的重要环节。营销调研策划主要包括外部环境因素的调研和营销组合因素的调研两个部分，如图 2-1 所示。

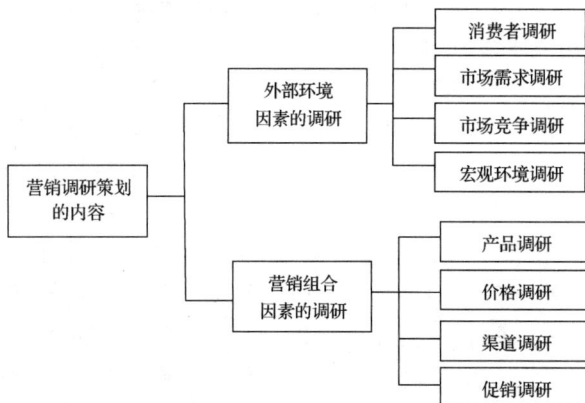

图 2-1　营销调研策划的内容

### 1．外部环境因素的调研

外部环境因素的调研主要包括以下内容。

（1）消费者调研。消费者调研包括消费者购买动机、购买方式及购买习惯的调查；消费者对企业营销策略的反馈情况、对企业产品与价格的满意度、对企业营销服务的要求等情况的调查。

（2）市场需求调研。市场需求调研包括市场需求总量的调查、市场需求构成的调查等。

---

❀ **营销视野**

#### 青年群体消费的新特点

在不知不觉中，1995 年至 2009 年出生的"互联网世代"已成为新一代消费者，并以惊人的成长速度和庞大的人数，接棒成为消费主力人群。他们的消费习惯和需求有何不同呢？

经济日报的《青年群体消费的新特点》一文中显示，我国青年消费群体特征具有五大关键词。

消费关键词 1：国潮。

《百度 2021 国潮骄傲搜索大数据》报告显示，国潮在过去 10 年里的关注度上涨了 528%。国货正当"潮"，国潮消费越来越成为新一代消费者的重要选择。

消费关键词 2：时尚。

《青年群体消费的新特点》数据显示，青年群体购买时尚产品的数量同比增长较高，美观、时尚逐渐影响年轻人的消费观。其中增长最快的前 5 个品类分别是厨卫电器、家居服饰、婴童寝具、户外装备及服饰内衣。

消费关键词 3：健康。

《青年群体消费的新特点》数据显示，青年群体对健康有很高的要求，引领了保健产品、美容产品和抗衰老产品的年轻化发展趋势。

消费关键词 4：智能。

《青年群体消费的新特点》数据显示，18 岁至 25 岁的青年消费群体对创新型产品、科技型产品的偏好度是最高的。可以说，他们是最早尝试新产品的人群，也是各种创新应用的推动力量。

消费关键词 5：方便。

青年消费群体认知多元、需求细分、圈层明显，对专业性要求高。同时，他们在时间上能省则省，是使用外送服务和上门服务的主要人群。其中增长最快的是健康服务套餐，增长了 2874%，手机服务和洗衣服务分别增长了 262%、219%。

---

（3）市场竞争调研。市场竞争调研包括识别竞争者、竞争者地位分析、评估竞争者优势劣势、竞争者战略分析等。

（4）宏观环境调研。宏观环境调研包括国内外政治形式、外交关系、体制改革状况的调查；国家经济、环保、外贸等相关法律、行政法规动态及其影响的调查；宏观经济情况及产业、行业、市场供求关系的调查；社会文化、消费传统和习俗的调查；当代科技最新动态和与企业有关的技术、产品发展动向的调查；与目标市场相关的地理、气候、自然环境状况的调查。

🌸议一议

宏观环境的哪些变化可能带来商业机会？

### 2. 营销组合因素的调研

营销组合因素的调研主要包括产品调研、价格调研、渠道调研、促销调研。

（1）产品调研。产品调研主要是了解市场动态，调查新产品的市场情况，充分了解同类产品的各种参数、性能、外观等方面的内容。

（2）价格调研。价格调研的内容主要包括商品价格的成本构成；价格变化的趋势；价格变动对商品销售带来的影响；影响价格变动的各种因素；商品价格的需求弹性；相关产品或替代品的价格；竞争者的价格及企业的价格策略等。

（3）渠道调研。渠道调研的内容主要包括商品销售地区和销售网点的分布、潜在销售渠道、销售点服务品质、商品运输路线、商品库存策略和批发商的分布等。

（4）促销调研。促销调研的内容主要包括广告预测、广告测试、广告效果调查、直观信息调查、媒体的对象分布、综合媒体研究、人员推销、营业推广及直接激发消费者购买欲望的促销活动等。

## （三）营销调研策划的流程

营销调研策划的流程，由若干相互关联并相互制约的营销调研活动构成。前一环节往往是后一环节的基础与前提，因此掌握营销调研策划的流程有利于整个调研工作的顺利进行。营销调研策划的流程由以下 5 个环节组成，如图 2-2 所示。

确定调研目标 → 制订调研计划 → 收集调研信息 → 分析调研信息 → 提交调研报告

图 2-2　营销调研策划的流程

### 1. 确定调研目标

进行营销调研策划，首先要确定调研目标。按照企业的不同需要，营销调研的目的有所不同，其主要步骤：明确问题—分析情况—初步调研。

### 2. 制订调研计划

在初步分析、明确课题的基础上，调研人员应设计营销调研方案。营销调研方案是营销调研的基本框架，在实际操作中一般以营销调研计划书的形式出现，它是营销调研实施的指南针。一个完善的营销调研方案一般包括"6W2H"8 个方面的内容，如表 2-1 所示。

表 2-1　　　　　　　　　　　营销调研方案的框架

| 项目 | 含义 | 内容 |
|---|---|---|
| What | 调研什么 | 调研主题 |
| Why | 调研原因 | 主题、意义与目标 |
| Which | 调研对象 | 采用随机抽样、非随机抽样方式确定调研对象 |
| Who | 调研主体 | 委托外部机构调研、企业自身独立调研、外部机构+企业自身协作调研 |

续表

| 项目 | 含义 | 内容 |
|------|------|------|
| When | 调研时间 | 调研日程、信息时限 |
| Where | 调研地点 | 明确调研的地点 |
| How to do | 调研方法 | 询问法、观察法、实验法、原始材料、二手资料 |
| How much | 调研预算 | 人、财、物消耗预算 |

### 3. 收集调研信息

收集调研信息首先要了解信息资料的来源，针对不同的信息资料来源采用不同的营销调研方法。

营销调研的资料来源主要分为原始材料与二手资料收集两类。

原始材料是指营销调研所需的信息没有被别人收集或别人已经收集但调研单位无法获取的资料，是需要调研人员通过现场实地调查直接收集的资料。

二手资料是指经过他人收集、记录、整理所形成的各种数据和资料的总称。二手资料主要来源于企业内部，如档案部门、资料室等；企业外部，如图书馆、档案馆、政府机关、国际组织、新闻出版部门、行业组织与其他企业等。

调研人员应根据营销调研目的、调研内容、调研对象确定恰当的营销调研方法。营销调研方法有以下 4 种。

- 询问法。询问法又称直接调查法，它以询问的方式了解情况、搜集材料以获得各种信息和资料。询问法是收集第一手资料的主要方法，它既可以独立使用，也可以与观察法结合使用。在实际应用中，按调研人员和被调查者接触的方式不同，询问法还可分为面谈调查法、电话调查法、邮寄调查法、留置问卷调查法。这些方法各有特色，可应用于不同场合。

**营销视野**

使用面谈调查法时应注意以下 5 点。

① 在整个调查过程中要始终保持精神饱满、自信乐观，以高昂的情绪去感染人、引导人、激励人，使对方乐于合作。

② 说话要因人而异。熟人，稍加寒暄便可开门见山；初次接触者，应说明来意、面谈目的、获取资料用途，以消除对方戒备心理，让对方提供真实信息。

③ 问话的语气、措辞、方式要适合被调查者的身份、知识水平，否则会导致对方感到不安或给出错误答案。

④ 掌握调查时间。一般访问在 20 分钟内效果最佳，时间过长，会令对方感到厌倦而不愿合作。

⑤ 仪表大方，穿着得体，口齿清晰，表达流畅，善于随机应变。

- 观察法。观察法是指调研人员在调查现场对被调查者的情况直接观察记录，或借助仪器进行观察，以获取市场信息的一种调查方法。这种方法不同于询问法，调研人员不直接向被调查者提出问题要求其回答，而是依赖调研人员的亲身感受，或者调研人员利用照相机、摄像机、录音机等现代化记录仪器和设备间接地进行观察以搜集信息。

观察法分为人工观察法和机器观察法。无论采用哪种方法进行观察，都要进行4个阶段的工作：第一，遵循客观性、全面性和深入持久性原则，按照观察对象，确定观察内容；第二，制订观察计划，选择观察工具；第三，做好实地观察和观察记录；第四，退出观察现场，进入研究。

- 实验法。实验法就是在调查过程中从影响调查目的的诸多因素中找出一两个因素，将其置于模拟环境中进行小规模的实验，然后对实验结果做出分析、判断，以供决策。实验法基本由实验者、实验对象、实验环境、实验活动、实验检测5个要素构成。它突出的特点是实践性，这也是实验调查的本质。

这种调查方法主要用于新产品试销和新方案实施前的调查。如某新产品在大批量生产之前，生产一小批投入市场进行销售实验。实验目的主要有两点：一是看该新产品的质量、品种、规格、外观是否受欢迎；二是了解产品的价格是否被消费者所接受。实验法是比较科学的调查方法，取得的资料比较准确，但调研成本较高，时间也较长。

### 📖 边学边做

一家五金工具店店主想了解一下到店买东西的顾客对店铺的印象如何。同时，他还想了解，顾客对他的竞争对手的商店印象如何。他准备提供少量经费，要求在3周内得到结果。你将推荐哪一种调研方法？为什么？

- 网络调研法。网络调研法是在互联网逐渐普及的情况下产生的一种调研方法，也是一些企业或机构经常采用的调研方法。它可以在更为广泛的范围内对更多的人进行数据收集，其及时、低费用、交互性强、客观的特点是一些传统调研手段不具备的优势。网络调研法可以分为两大类：网上直接调研法和网上间接调研法。

网上直接调研法是指为当前特定的目的在互联网上收集一手资料或原始信息的方法。网上直接调研法有4种：网上观察法、专题讨论法、在线问卷法和网上实验法。常用的是专题讨论法和在线问卷法。借助专题讨论法，可以通过新闻组（News Group）、电子公告牌（Bulletin Board System，BBS）或邮件列表讨论组获得资料和信息。在线问卷法是一种请求浏览其网站的每个人参与企业的各种调查的方法。在线问卷法可以委托专业机构进行，一般有两种途径：在线调查表和电子邮件调查。

网上间接调研法指的是利用互联网收集二手资料的方法。网上有大量二手资料，但要找到对自己有价值的信息，首先应熟悉搜索引擎的使用方法，其次要掌握专题型网络信息资源的分布。网上间接调研法主要包括利用搜索引擎调研、跟踪相关的网站进行调研、利用相关的网上数据库进行调研。

### 🌸 议一议

1. 互联网是如何改变营销调研的？
2. 在互联网时代如何做好营销调研？

#### 4．分析调研信息

调研结束后，调研人员即进入调研资料的整理和分析阶段。收集已填写的调查表，由调研人员对调查表进行逐份检查，剔除不合格的调查表，然后将合格的调查表统一编号，以便调研数据的统计。调研数据的统计可利用Excel软件完成，将调研数据输入计算机，经Excel软件运行，即可获得针对调研内容进行全面分析的数据。

### 5. 提交调研报告

此阶段的主要工作是撰写调研报告，提出结论和建议。调研报告是调研活动的最终成果，也是评价调研活动质量的重要文件。一般来说，调研报告从形式上可分为书面报告和口头报告。书面报告要按规范的格式撰写，口头报告是调研报告的口头汇报，大多数决策者都希望在拿到一份书面报告的同时也能听到口头汇报。

## （四）营销调研方案的设计

营销调研方案的设计依赖于对营销调研工作全部过程的考虑，包括整个调研工作过程的全部内容。营销调研方案科学、可行，是整个营销调研策划成功的关键。营销调研方案的设计主要包括下述 11 项。

（1）确定调研背景和调研目的。

（2）确定调研对象和调研单位。

（3）确定调研内容。

（4）编制调研提纲和调查表。

（5）确定调研时间和调研工作期限。

（6）确定调研地点。

（7）确定调研方法。

（8）确定调研资料整理和分析方法。

（9）确定提交报告的方式。

（10）制定调研进度安排。

（11）确定调研预算。

### 1. 营销调研方案的内容

一个完整的营销调研方案的主要内容一般包括以下 6 个部分。

（1）前言。前言要简明扼要地介绍整个营销调研的背景原因。

（2）调研目的和意义。调研目的和意义较前言部分可稍微详细点，应指出项目的背景、研究的问题和几种备用决策，指明该项目的调研结果能给企业带来的决策价值、经济效益、社会效益及在理论上的重大价值。

（3）调研的内容和调研对象。调研方案要指明课题调研的主要内容，规定必需的信息资料，列出主要的调研问题和相关的理论假说。此外，还应明确界定此次调研的对象。

（4）调研方法。调研方案要指明所采用的研究方法的主要特征、抽样方案的步骤和主要内容、所取样本的精度指标、最终数据采集的方法和调研方式、调研问卷设计方面的考虑、问卷的形式及数据处理和分析方法等。

（5）调研进度和有关预算。在调研进度和有关预算方面，调研计划应有一定弹性和余地，以应对可能的意外事件带来的影响。

（6）附件。列出课题负责人及主要参与者的名单，并可简单介绍团队成员的专长和分工情况；指明抽样方案的技术说明和细节说明、调研问卷设计中有关的技术参数、数据处理方法和所采用的软件等。

### 2. 撰写营销调研方案应注意的问题

一份完整的营销调研方案应包含上述 6 个方面的内容，不能有遗漏。在格式方面，比如编辑排版上，没有统一的规定，应根据具体的案例背景加以灵活处理。应该特别指出的是，营销调研策划方案的书面表达非常重要。一般来说，营销调研方案的撰写应由项目的负责人来完成。

> **边学边做**
>
> 假设你是一家咨询顾问公司的代表，现在要帮助一家旅行社做关于"自助游"的市场调研和分析。你打算从哪些方面着手，以提高调研与分析的准确性？

# 二、运用营销调研技术

营销调研不仅要制定完备的调研方案、选择合适的调研方法，还要善于运用不同调研技术，只有这样才能获得完整、准确的资料。调查问卷设计技术、抽样调查技术是营销调研中常用的基本技术。

## （一）调查问卷设计技术

调查问卷也叫调查表、调查提纲，是收集第一手资料常用的表格形式。调查问卷的设计是营销调研中的一项基础性工作，直接体现营销调研的目的、价值、效率。

调查问卷设计的基本要求可概括为以下 4 点：易于回答、易于记录、易于整理统计、易于辨别回答真伪。具体来讲，设计一份好的调查问卷，应考虑这样几个问题：调查问卷是否能提供必要的管理决策信息，是否考虑到被调查者的情况，是否满足编辑、编码和数据处理的要求？

### 1. 调查问卷设计的过程

调查问卷是搜集市场信息的主要工具，是一份经精心设计而成的调查提纲。调查问卷的设计一般遵循以下步骤。

（1）确定所需信息。确定所需信息是调查问卷设计的前提。调研人员应在调查问卷设计之前就掌握达到调查目的和验证调查假设所需要的信息，并确定用于分析、使用这些信息的方法。

（2）确定调查问卷的类型。确定调查问卷类型，要综合考虑以下制约因素：调研费用、时效性要求、被调查对象和调查内容。

（3）确定问题的内容。确定问题的内容一般需考虑 3 点要求：一是与某种市场调查目的所契合；二是符合市场现象在一定时间、地点、条件下的客观实际表现；三是符合被调查者回答问题的能力和意愿。

（4）确定问题的类型。调查问卷的问题有两种基本形式：开放式问题和封闭式问题。所谓开放式问题是指对所提出问题不列出所有可能的答案，而是由被调查者自由作答的问题。开放式问题一般提问比较简单，回答比较真实，但难以针对结果做定量分析，在对其做定量分析时，通常将回答进行分类。

封闭式问题是指已事先设计了各种可能的答案的问题，被调查者只需或只能从中选定一个或几个现成答案。封闭式问题由于答案标准化，不仅方便回答，而且易于进行统计处理和分析；但缺点是被调查者只能在规定的范围内回答，无法反映其他想法。封闭式问题的具体形式包括填空式、两项选择式、多项选择式、矩阵式等。

（5）确定问题的措辞。调查问卷中问题的表述应遵循以下原则：内容单一，避免多重含义；表达具体，避免抽象、笼统；表述简明扼要、通俗、准确；表述客观，不带倾向性或诱导性；对于敏感的问题，不宜直接提问。

（6）确定问题的顺序。调查问卷中问题的排序应具有逻辑性，应先易后难。能引起被调查者兴趣的问题应放在前面，开放性的问题放在后面，核心问题放在中间部分。应该妥善安排结尾部分，可以安排一些个人背景的问题，如职业、年龄、收入等。个人背景资料虽然属于封闭式问题，十分容易回答，但有些问题诸如收入、年龄等属于敏感性问题，因此，一般安排在末尾部分。

（7）确定调查问卷的排版和布局。调查问卷的设计工作基本完成之后，便要着手调查问卷的排版和布局。调查问卷的排版和布局总的要求是整齐、美观、简洁，便于阅读、作答和统计。

（8）进行调查问卷的测试。调查问卷的初稿设计工作完毕之后，不要急于投入使用，应该先组织问卷的测试，如果发现问题就及时修改。测试通常选择20～100人，样本数不宜太多，也不要太少。如果第一次测试后有很大的改动，可以考虑是否要组织第二次测试。

（9）进行调查问卷的定稿。

当调查问卷的测试工作完成，确定没有必要再进一步修改后，可以考虑定稿。调查问卷定稿之后，就可以交付打印，正式投入使用。

（10）进行调查问卷的评价。

调查问卷的评价实际上是对调查问卷的设计质量进行一次总体性评估。对调查问卷进行评价的方法很多，包括专家评价、上级评价、被调查者评价和自我评价等。

### 2．调查问卷的基本结构

针对不同的调查而设计的调查问卷在具体结构、题型、措辞、版式等方面会有所不同，但在结构上一般都由起始部分、过滤部分、主体部分和背景部分组成。

（1）起始部分。起始部分一般包括问候语、填表说明和问卷编号等内容。不同的调查问卷起始部分所包含的内容会有一定差别。

• 问候语。在自填式调查问卷中，问候语十分重要，它可以引起被调查者对调查的重视、消除其顾虑、激发其参与意识，以争取他们的积极合作。问候语要语气亲切，诚恳礼貌。文字要简洁准确，并在结尾处对被调查者参与合作表示感谢。下面是一份"天津××区居民调查表"中的问候语。

尊敬的女士/先生：

您好！

为了更好地了解××区的市场建设和发展情况，以及××区居民的生活情况，从而为我市建设××新区提供详细的资料，下面有几个问题，请您在百忙之中协助填写。

调查会耽搁您一些时间，请您谅解。谢谢您的支持与合作！

• 填表说明。在自填式调查问卷中要有详细的填表说明，让被调查者知道如何填写调查问卷、如何将调查问卷返回到调查者手中。这部分内容可以集中放在调查问卷前面，也可以分散到各有关问题的前面。

• 问卷编号。问卷编号即对调查问卷按顺序编写序号，便于问卷数量的控制和统计分析。

（2）过滤部分。过滤部分也称甄别部分。为确保被调查者符合调查问卷要求，从而符合调查研究的需要，调查问卷需要设计过滤题。

（3）主体部分。主体部分是调查问卷的核心内容，它包含了所要调查的全部问题，主要由问题和答案组成。调查问卷主体部分是影响调研效果的关键，主体部分的设计思路、出题方式及整体把握，对调查项目的完成质量会产生重要而直接的影响。

调查问卷设计的核心内容是问题的设计，包括问题内容的选择、问题类型的设计、问题的表述、问题的排序。对于封闭式问题要注意答案的设计，调查问卷问题答案的设计要遵循两条基本原则：一是互斥性原则，即同一问题的若干答案之间的关系是相互排斥的，不能有重叠、交叉、包含等逻辑错误；二是完备性原则，即所列出的答案应包括所有可能的情况，不能有遗漏。

（4）背景部分。一般情况下，背景部分应放在调查问卷的最后，主要是收集被调查者的背景资料，它是调研人员对被调查者进行分类统计的依据。在个人调查中，背景部分主要包括被调查者的性别、年龄、个人月平均收入、家庭月平均收入、职业、文化程度、家庭结构、婚姻状况等内容。在企业调查中，背景部分则主要包括企业性质、所属行业、职工人数等内容。

调查问卷的结尾可以设置开放题，征询被调查者的意见、感受；或是记录调查情况；也可以是感谢语及其他补充说明。

### 营销案例

一般来说，典型调查问卷的组织形式如表2-2所示。

表2-2　　　　　　　　　　　典型调查问卷的组织形式

| 位置 | 问题类型 | 问题功能 | 例子 |
|---|---|---|---|
| 开头问题 | 宽泛的一般性问题 | 打破僵局，获得被调查者的信任感 | 您骑过电动自行车吗 |
| 随后几个问题 | 简单而直接的问题 | 让被调查者放心，觉得调查既简单又容易回答 | 您知道的电动自行车品牌有几个 |
| 占到调查问卷1/3篇幅的问题 | 有侧重点的问题，与调研目标关系密切 | 告诉被调查者涉及的领域 | 请问您喜欢哪种电动自行车的外形 |
| 调查问卷的主体部分 | 有侧重点的问题，难度相对较大 | 获取调查所需的大多数信息 | 您认为现有电动自行车在哪些方面需要改进 |
| 最后几个问题 | 被调查者可能会认为是敏感的个人问题 | 获取关于被调查者自身的分类信息和人口统计信息 | 您个人的月收入是多少？您的受教育程度是怎样的呢 |

## （二）抽样调查技术

在许多调查研究对象中，如何以最少的时间、费用与手续获得最佳的调研结果，这就有赖于抽样调查。抽样调查是一种非全面调查，它是从全部调查研究对象中，抽选一部分进行调查，并据以对全部调查研究对象进行估计和推断的一种调查方法。抽样调查虽然是非全面调查，但它的目的是取得反映总体情况的信息资料，因而可起到全面调查的作用。

### 1. 抽样调查的特点

抽样调查用科学的方法抽取出有代表性的市场调查样本，克服了全面市场调查的组织程序繁杂、调查内容多、费用高、时间长等缺点，也克服了重点和典型市场调查的主观随意性和样本代表性不强的缺点，具有较高的代表性和科学性，是比较科学和客观的一种调查方式。它具有明显的特点：抽取样本的客观性；抽样结果的准确性；抽样费用的经济性；应用范围的广泛性。

### 2. 抽样调查的方式

抽样调查分为随机抽样和非随机抽样两种。随机抽样就是在抽样过程中按随机性原则抽取样本，总体的每个单位（个体）都有同等被抽中的可能，即样本的抽取排除了人为主观因素的影响。随机抽样又具体分为：简单抽样、分层抽样、系统抽样、整群抽样。

非随机抽样方式是指抽样时不遵循随机性原则，而由调研人员根据调查目的和要求，主观设立某个标准并按其从总体中抽选样本的抽样方式，一般有任意抽样、判断抽样、配额抽样和雪球抽样等。非随机抽样在选择样本时，由于加入了人为的主观因素，总体中每个单位被选出的机会是不均等的，是一种主观的抽样方式。

抽样调查的组织方式取决于调查研究的目的和要求、调查对象的特点和客观条件。凡是经济、省时而又能够满足预期精确度和可靠性要求的组织方式，便是一种好的组织方式，这也是抽样调查设计的根本的原则。

采用抽样调查要注意以下 3 点。第一，确定抽样对象。这是解决向什么人调研的问题。例如，要想了解家庭购买住房的决策过程，应调研丈夫、妻子还是其他成员？第二，选择样本大小，即调研多少人的问题。第三，确定抽样调查的方式。

# 三、组织实施营销调研

前期的营销调研方案已经设计完毕，接下来将要运用调研技巧组织实施营销调研。调研结束后，还需要将搜集到的资料进行整理分析，为营销策划提供依据。

## （一）收集资料与开展调研活动

为开展调研活动，调研人员应收集资料。资料的准确程度与调研人员素质和被调查者状况有关，所以，应当选派有一定政治思想水平、懂业务、懂技术，又有一定调研经验的人员参加。必要时可对他们进行短期培训。

调研时，有的被调查者会不予合作，调研人员应设法妥善解决，或另找被调查者，或重新约定调查时间。运用实验法时，调研人员还应考虑：怎样使实验组和控制组相匹配；在实验对象都在场的情况下，如何防止他们互相影响；如何用统一的方法对实验条件进行管理和控制。总之，采用每一种调研方法都可能遇到困难，调研人员要尽可能排除干扰，按预定计划的要求收集资料。

调研人员根据设计的调研方案开展调研活动。在调研过程中，调研人员应严格按照操作规范，采用规定的调研方法实施调研；调研人员要坚持求实的态度，发扬严肃认真的工作作风，认真踏实地完成任务。在调研现场一般要对访问内容进行现场编校，迅速复查一遍问卷，发现有错误、遗漏之处应及时修正。在调研实施中还应控制现场访问质量，设立督导员岗位。督导员应对调研人员的工作态度和工作质量进行严格的检查。在开展调研活动时，还应对调研人员所查结果进行复查，检查调研人员的访问质量，了解调研人员是否进行访问、访问时间及访问中主要问题的回答内容是否属实，若发现问题应及时解决。

> 📖**边学边做**
>
> 某饮食集团已在广州市中心城区开设了 4 家酒楼，现计划在市郊新区再开设两家。请问该饮食集团需要搜集哪些资料？如何搜集？

## （二）撰写营销调研报告

对所得资料进行处理，根据分析结果编写调研报告后，应将调研结果提供给决策部门参考。

营销调研报告的撰写是整个营销调研策划活动的最后一个阶段。营销调研报告是指用书面表达的方式反映市场调查过程和调查结果的一种分析报告，它是营销调研成果的集中体现。营销调研报告既可以书面方式向管理者或用户展现调研的结果，也可作为口头汇报和沟通调研结果的依据，亦可被制作成多媒体演示课件，以便调研人员向决策者或用户进行演示、解说。

营销调研报告具有十分重要的作用，例如，解释调研原因、陈述调研内容、指明调研方法、展示调研结果、提出结论和建议。一份专业的营销调研报告不仅能够提供决策参考，还能预测风险。

### 1. 营销调研报告的格式与构成

营销调研报告一般由以下 7 个部分构成。

（1）扉页。扉页是营销调研报告的封皮，包括标题、调研单位和报告日期。扉页设计既要规范，又要体现艺术性。

（2）摘要。在摘要部分要简要说明调研目的、调研对象、调研内容、时间、期限、调研范围、方式和方法，以及调研的主要结论。

（3）目录。如果营销调研报告的内容较多，为了方便读者阅读，应用目录的形式列出营销调研报告各部分各层次的标题及所在的页码。

（4）序言。序言是营销调研报告的导语部分（开头），在此部分要提出市场调研的问题，简要说明调研的过程和得出的调研结论。

（5）正文。正文是营销调研报告的主体部分，是营销调研报告的核心。这部分内容主要是介绍调研中使用的各种方法，包括调研技术设计及方法的选择。此外，这部分内容还主要写明事实的真相、收获、经验和教训，即介绍调查的主要内容是什么，为什么会是这样的。主体部分包括大量的内容：人物、事件、问题、具体做法、困难等。该部分内容较多，所以要精心安排层次、结构，有步骤、有次序地表现主题。

在正文中相当一部分内容应该是数字、表格，以及对这些内容的解释、分析，要用准确的、恰当的语句对分析作出描述，结构要严谨，推理要有逻辑性。

（6）结论和建议。结论和建议是营销调研报告的结尾部分。根据正文得到的调研结果和提出的问题，引出调研报告的结论，提出解决问题的建议。

（7）附件。附件主要包括调研方案、抽样技术方案、调研问卷、数据整理表格、数据分析表格和其他支持性材料。

需指出的是，对于一些小型的市场调研项目来说，市场调研报告的格式一般要简化一些，通常只需要包括序言、正文、结论和建议等几个部分。

### 2. 营销调研报告的撰写流程

营销调研报告的撰写流程包括准备营销调研报告、撰写营销调研报告、修改营销调研报告、提交营销调研报告四大环节。

（1）准备营销调研报告。其主要包括明确调研主题、构思调研报告、取舍数据材料、拟定报告提纲 4 项工作。

（2）撰写营销调研报告。

- 确定报告标题。标题应与调研内容相关，能突出主题。
- 设计报告封面。封面主要包括报告标题、调研单位和对象、调研日期。
- 制作报告目录。使用目录或索引形式列出主要纲目及页码。

- 撰写报告摘要。摘要主要包括调研目的、时间、方法、地点、对象等，以及调研结论和建议。
- 撰写报告引言。引言包括调研目的、调研的简要过程、调研的简要结论。
- 撰写报告正文。正文主要包括调研结果的描述及分析，调研的最终结论及建议。
- 完成报告附件。附件主要包括调研计划书、调研问卷、抽样方案等书面材料。

（3）修改营销调研报告。其主要包括调整报告结构、修改报告语句、调整报告格式三项工作。

（4）提交营销调研报告。此阶段需要撰写报告提交函、制作报告幻灯片、解释调查报告。

### 3. 营销调研报告的撰写建议

营销调研报告的写作要抓好3个主要环节：调查、研究、报告。这3个环节中，调查是基础，研究是关键。营销调研报告的写作是把调查获得的材料所形成的观点，通过布局安排组织成文章。

一份专业的营销调研报告需要花费大量的时间和精力来进行编制。行业调研报告往往需要大量的专业数据，而这些数据需要调研人员阅读大量的行业信息，深入市场并多渠道采集样本来提高报告的准确性。

# 自我检测

## （一）单选题

1. 拟定市场调研方案是从（　　　）开始的。

    A. 确定调研目的与内容　　　　　　　B. 确定调研对象与方法

    C. 设计调查问卷　　　　　　　　　　D. 组织调研实施

2. 以下调研方法中，收集到的资料是二手资料的是（　　　）。

    A. 询问法　　　　　B. 观察法　　　　　C. 实验法　　　　　D. 网上间接调查法

3. 实施营销调研的第一步工作是（　　　）。

    A. 人员培训　　　　B. 试调研　　　　　C. 正式调研　　　　D. 选派调研人员

## （二）多选题

1. 调研方法主要有（　　　）。

    A. 询问法　　　　　B. 观察法　　　　　C. 实验法　　　　　D. 问卷调查法

2. 营销调研报告的构成主要包括（　　　）。

    A. 扉页　　　　　　B. 摘要　　　　　　C. 目录　　　　　　D. 正文

3. 每一次营销调研的具体目的不完全相同，在营销调研之初，需明确的问题有（　　　）。

    A. 为什么要进行这次调研

    B. 什么时间开始这次调研

    C. 通过调研了解哪些情况

    D. 调研报告准备怎么写

## （三）简答题

1. 营销调研方案主要包括哪些内容？

2. 常用的营销调研技术有哪些？

# 课中实训

## 【背景介绍】

我国是世界上较大的纺织服装生产国、消费国和出口国之一。在生产领域我国服装行业已形成比较完整的产业链，目前正在进入转型期，面临从以产量取胜向以产品质量、创意、品牌美誉度和经营管理模式取胜的重要转变。这也是作为我国服装行业自主品牌典型代表的红豆集团所面临的主要课题。

"渠道为王"曾是很多老牌本土品牌赢得时间和空间的重要策略。然而随着电商的发展、更多国际品牌的进入、本土品牌的竞争加剧，以及消费需求越来越个性化、多样化，消费者的选择空间越来越大，企业对市场反应的敏捷性影响着市场竞争能力。面对激烈的同行竞争，以及不断快速变化的市场，老牌本土服装品牌红豆集团急需谋求转型策略。

为了更好地为红豆集团规划一条品牌发展的道路，现以营销策划团队为单位进行营销调研策划，分析红豆集团服装市场的优势、劣势、机会和威胁，以便为其营销决策提供有效资料。

# 实训一　营销调研策划

## 【实训目的】

通过实训，学生能明确营销调研策划是营销策划的前提和基础，熟悉营销调研策划的全过程，掌握营销调研策划的 3 个关键点，即明确的调研任务、可行的程序和方法、科学的调研技术。

### 任务 1　红豆集团营销调研策划方案的设计

#### 【任务描述】

本项任务要求以营销策划团队为单位，依据背景资料对红豆集团展开营销调研策划，设计营销调研策划方案。方案主要包括调研背景、调研目的、调研对象、调研内容、调研时间、调研地点、调研方法、调研进度安排、调研预算等内容。

#### 【任务操作】

1. 阅读任务单，明确任务内容与任务目标。
2. 阅读背景资料，学习相关理论知识。
3. 根据任务要求，对小组成员进行合理分工，制订计划。
4. 根据任务要求收集资料，分析问题的背景。
5. 召开座谈会讨论，明确调研目的。
6. 讨论调研对象、调研内容及调研方法、调研进度安排、调研预算等。
7. 完成营销调研策划方案的撰写，制作 PPT。
8. 作业展示与交流。
9. 将研究结果填入任务操练记录单（见表 2-3）。

【操练记录】

表 2-3 红豆集团营销调研策划方案

| 研究内容 | 研究结果 |
|---|---|
| 调研背景 | |
| 调研目的 | |
| 调研对象 | |
| 调研内容 | |
| 调研时间 | |
| 调研地点 | |
| 调研方法 | |
| 调研进度安排 | |
| 调研预算 | |

## 任务2 红豆集团服装市场调查问卷的设计

【任务描述】

本项任务要求以营销策划团队为单位，依据背景资料对红豆集团进行营销调研策划，设计红豆集团服装市场调查问卷。

【任务操作】

1. 阅读任务单，明确任务内容与任务目标。

2. 阅读背景资料，学习相关理论知识。

3. 根据任务要求，对小组成员进行合理分工，制订计划。

4. 根据调研主题设计调查问卷标题。

5. 召开座谈会讨论，确定调查问卷的版式，以及确定问题内容、问题形式、问题措辞、问题排序等。

6. 分工合作完成调查问卷的设计。

7. 各团队展示与宣讲调查问卷。

8. 师生点评调查问卷，并进行修改完善。

9. 将研究结果填入任务操练记录单（见表2-4）。

【操练记录】

表 2-4 红豆集团服装市场调查问卷

| 研究内容 | 研究结果 |
|---|---|
| 调查问卷的起始部分 | |
| 调查问卷过滤部分 | |
| 调查问卷的主体部分 | |
| 调查问卷的背景部分 | |

# 实训二 组织实施调研

## 【实训目的】

通过实际操作，学生能掌握信息采集技术，能够依据调研方案组建调研团队、以团队合作为基础实施调研。

### 任务 1 深度访谈模拟练习

#### 【任务描述】

本项任务要求以营销策划团队为单位对红豆集团的领导与员工代表进行深度访谈，以及对红豆终端旗舰店职员及当地主力消费人群进行深度访谈。这有助于培养学生深度访谈的基本技能，让学生把握面谈访问流程与方法，同时培养学生自信心，提升学生与人沟通的能力。

#### 【任务操作】

1. 以营销策划团队为单位，进行深度访谈模拟练习。

每组分 A、B 两队，A 队扮演访问者，B 队扮演受访者，受访者可以是红豆集团的领导与员工代表，也可以是红豆终端旗舰店职员与消费者。其他同学作为观察员，记录反馈信息。

2. 扮演不同角色的学生了解自己的任务并进行准备，评委要准备评分标准，模拟入户的访问者要进行模拟入户的准备。

3. 深度访谈模拟演练，要求角色扮演者神态自然，举止文雅，模拟逼真。

4. 情境设计要有拒访情节，演练受访者不同态度下访问者应如何应对及排除障碍。

5. 实训总结，由学生谈体会和感悟。

6. 将研究结果填入任务操练记录单（见表 2-5）。

#### 【操练记录】

表 2-5 深度访谈模拟练习

| 研究内容 | 研究结果 |
| --- | --- |
| 访问流程 | |
| 访问技巧 | |
| 访问注意事项 | |
| 感受体会 | |

### 任务 2 网络调研法的应用

#### 【任务描述】

本项实训要求学生结合背景资料描述网络调研的流程、网络调研的方法及其应用，通过实践操作，能够选择网络调研平台进行问卷的发放与回收，具备一定的网络调查与分析能力，能够针对调研结果撰写调研报告。

#### 【任务操作】

1. 阅读任务单，明确任务内容与任务目标。

2. 阅读背景资料，学习相关理论知识。

3. 根据任务要求，对小组成员进行合理分工，制订计划。

4. 结合案例描述网络调研的流程、网络调研平台、网络调研的方法，并总结网络调研的注意事项。

5. 总结相关知识与技能，填入任务操练记录单（见表 2-6）。

【操练记录】

表 2-6　　　　　　　　　　网络调查法及其应用

| 研究内容 | 研究结果 |
| --- | --- |
| 网络调研的流程 | |
| 网络调研的平台 | |
| 网络调研的方法 | |
| 网络调研的注意事项 | |

# 实训三　撰写营销调研报告

## 【实训目的】

通过实训，学生能了解资料分析的方法，掌握营销调研报告的标准格式，能够根据所获得的调研资料，进行市场分析，提出建议，并撰写营销调研报告。

### 任务 1　红豆服装市场环境分析

【任务描述】

调研分析所得结论会直接影响整个企业营销决策。本项任务要求学生依据营销调研获得的信息和资料进行红豆服装市场环境分析，主要包括宏观环境分析、市场总体规模分析、行业环境分析、竞争对手分析、本公司市场分析、消费者行为分析和 SWOT 分析，同时掌握市场环境分析的重要意义。

【任务操作】

1. 阅读任务单，明确任务内容与任务目标。

2. 宏观环境分析，主要包括宏观的经济环境、政治法律环境、社会文化环境和技术环境。

3. 市场总体规模分析，主要是对整个市场的需求总量、产品细分和市场细分的情况进行描述。

4. 行业环境分析，主要是对公司所在行业的整体情况、竞争情况和未来发展趋势的描述。

5. 竞争对手分析，主要是针对重点的、主要的竞争对手进行描述，一般可以从 5 个方面进行，主要包括产品、品牌、市场表现、渠道和服务水平。

6. 本公司市场分析，是指对公司的市场表现进行描述，主要有以下 4 个方面：市场份额变动分析、产品销售分析、品牌分析和渠道管理分析。

7. 消费者行为分析，主要包括消费者需求分析、消费者购买心理分析、消费者忠诚度分析、消费者满意度分析、目标客户画像分析。

8. SWOT 分析，明确公司的优势、劣势、机会、威胁。

9. 将研究结果填入任务操练记录单（见表 2-7）。

【操练记录】

表 2-7                     如何进行市场环境分析

| 研究内容 | 研究结果 |
|---|---|
| 宏观环境分析 | |
| 市场总体规模分析 | |
| 行业环境分析 | |
| 竞争对手分析 | |
| 本公司市场分析 | |
| 消费者行为分析 | |
| SWOT 分析 | |

## 任务 2 红豆集团调研报告的撰写

【任务描述】

调研报告的撰写是整个调研活动的最后一个阶段。本项任务要求学生熟悉调研报告的基本格式、内容与注意事项，能够针对调研项目撰写一份条理清晰的调研报告。

【任务操作】

1. 阅读任务单，明确任务内容与任务目标。
2. 阅读背景资料，学习相关理论知识。
3. 根据任务要求，对小组成员进行合理分工，制订计划。
4. 召开座谈会讨论，确定调研报告标题、前言、内容提要。
5. 讨论如何阐述调研过程，分析调研结果，提出结论和建议。
6. 分工合作，完成调研报告的撰写。
7. 制作 PPT。
8. 作业展示与交流。
9. 将研究结果填入任务操练记录单（见表 2-8）。

【操练记录】

表 2-8                     红豆集团调研报告的撰写

| 研究内容 | | 研究结果 |
|---|---|---|
| 调研报告标题 | | |
| 前言 | | |
| 内容提要 | | |
| 调研报告的正文 | 阐述调研过程 | |
| | 分析调研结果 | |
| | 提出结论建议 | |
| 附录 | | |

### 经典案例：国潮风暴下，服饰品牌如何立身

年轻消费群体更渴望找寻精神层面的认同，看重的是产品背后附加的文化符号与美学价值。在这一价值观下，情怀型、理念型产品受到更多年轻消费群体的青睐。国潮产品作为典型代表，满足了年轻人的个性化审美和消费需求，具有标识身份、张扬个性、群体认同的功能。国潮文化是青年文化中有凝聚力、有力量的一个分支。

目前来看，国潮产品俨然成为当下众多品牌追赶的风口与热潮。从服饰、配饰到文创、科技等领域，国潮产品琳琅满目、数不胜数。其中，国潮服饰是最受年轻消费群体追捧的品类之一。

2018 年，中国李宁登上纽约时装周打响了国潮服饰市场崛起的第一枪。之后的日子里，新锐国潮服饰纷纷冒尖，从个性化的视角诠释品牌自身对中国文化、青年文化和现代街头潮流的理解，通过新与旧的碰撞融合，传递品牌的价值观。

《2022 年国潮服饰产业发展及市场调研报告》显示，2021 全年，国内服装服饰行业融资数量达到 48 起，较 2020 年，数量有所增长。同时，融资总额回升到 43 亿元，约是 2020 年融资总额的两倍。其中处于早期的（种子轮/天使轮、Pre A 轮、A 轮/A+轮）融资事件一共有 36 起，占比达到 75%。C 轮及以上的融资有 2 起，分别是一家成立于 2016 年的潮流运动品牌和一家纺织产业 B2B 的公司。

《2022 年国潮服饰产业发展及市场调研报告》中的第二部分，对国潮崛起的环境和近年来服装市场产品、渠道及营销方式变化进行了剖析。以百度指数为例，2018 年 4 月 30 日，百度指数正式收录了"国潮"一词，到 2021 年 12 月 31 日，4 年时间，以"国潮"为关键词的相关搜索热度持续攀升；同一时间周期，以"潮牌"为关键词的搜索热度逐渐降温。从消费市场上来看，在国潮美妆、国潮科技、国潮食品等众多分类中，国潮服装的整体消费占比超过六成，成为国潮崛起的中流砥柱。

《2022 年国潮服饰产业发展及市场调研报告》中的第三部分，对一线城市"95 后"人群的消费偏好和消费行为进行了深度调研。

结果显示，每年在国潮服饰上的消费频次在 5～10 次的受访者占比最高，接近 50%。其中，男性受访者更喜欢买，女性受访者消费的客单价更高；男性受访者每年购买频次超过 5 次的占比 75.47%，女性受访者这一比例仅为 55.71%。此外，男性消费群体中，一年购买国潮服饰在 20 次以上的占比 5.66%，女性为 1.43%。

从客单价上来看，受访者主要集中的区间是 200～500 元，占比 34.15%；200 元以下与 500～1000 元的受访者比例相当，均在 26%左右。

同时，报告对受访者进行了画像式的分析，深入探究了新时代人群的品牌忠诚度、消费动机、对国潮服饰的核心诉求、购买决策影响因素、购买渠道等，还呈现了他们对品牌营销的态度、获取潮流信息的渠道、对品牌活动的参与意愿等。

通过调研不难发现，国潮正在成为未来 10 年我国服装市场的热门元素。国潮文化兴起是文化自信在商业端的自然流露。从某种意义上看，国潮文化就是一场传统文化的再流行，这是中华民族自我认同与自我肯定需求不断扩大的自然体现。反过来看，国潮文化的兴起也倒逼着产业转型升级，为经济高质量发展提供思路。

站在国潮风口，新国货品牌想要长远发展，就必须做好品质与口碑。对企业而言，要进一

步提升品牌竞争力，一方面要大练"内功"，只有自身的产品和服务过硬，才能赢得市场尊重；另一方面要讲好中国故事，不仅品牌的品质、科技实力、研发实力等硬实力要强，品牌的人文魅力等软实力也要强。

如何借着国潮的东风，将专业品牌、本土文化、周期性潮流三者完美融合，在获得国内消费者青睐的同时，也能赢得海外消费者的赞誉，从而持续"潮"下去，对于老字号和新品牌服饰企业来说，这些都是应该思考的问题。

**案例分析：**

1. 为什么年轻人开始回归国潮？

2. 试分析国潮风暴下，服饰品牌发展之路，并提出你的建议。

## 拓展训练 ↓

【游戏名称】美丽景观

【训练目标】培养团队创新能力及团队合作中的角色分工和协作的能力。

【实施步骤】

1. 以营销策划团队为单位，每组准备一套材料（包括 A4 纸 50 张，胶带一卷，剪刀一把，彩笔一盒）。每组在 30 分钟内建造一处优美的景观，要求景色美观、创意第一。

2. 每组选出一个人来解释他们的景观的建造过程，例如，景观的创意、实施方法。

3. 由大家选出具有创意、美学价值且简单实用的景观，胜出组可以得到一份小礼物。

【相关讨论】

1. 你们组的创意是怎样来的？

2. 在建造的过程中，你们的合作过程如何？大家的协调性怎么样？每人扮演什么角色？这一角色是否与他平时的形象相符？

# 项目三

## 营销战略策划

学习目标 ↓

### 知识目标

1. 熟悉营销战略策划的相关知识。
2. 明确市场定位策划的模式与内容。
3. 掌握企业形象识别系统的策划。

### 技能目标

1. 能够撰写营销战略策划方案。
2. 具有市场定位策划的能力。
3. 具有企业形象策划的能力。

### 素养目标

1. 培养学生的职业道德和敬业精神。
2. 培养学生与时代同步的意识，让学生了解国家的产业政策。
3. 培养学生了解企业的社会责任，让学生具有强烈的社会责任意识。

思维导图 ↓

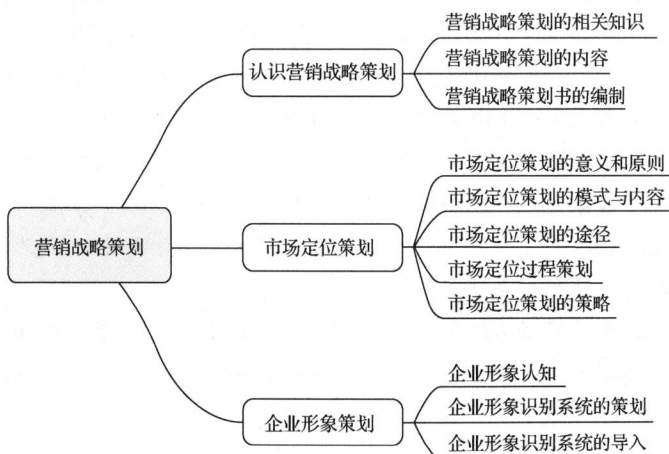

## 👤 案例导入

### 万科成功的秘诀

万科企业股份有限公司（以下简称"万科"）成立于 1984 年 5 月，以房地产为核心业务，是我国首批公开上市的企业之一，其良好业绩、企业活力及盈利增长潜力，受到市场广泛认可。万科在 20 世纪 80 年代被认为是多元化经营的成功典范，但是到了 20 世纪 90 年代，万科主动选择了专业化战略，对自身进行大规模的战略业务剥离，从而在 21 世纪初迅速崛起，成为房地产行业的领跑者。

1993 年 4 月，万科还是一个业务遍及 13 个行业的多元化企业。一次会议上，靠多元化起家致富的王石，向基金经理讲着自己有 13 个行业，个个行业都能赚钱，但是下面的基金经理似乎心不在焉。一位基金经理突然起身尖锐地问道："万科的主业是什么？"

王石和其他万科人当场目瞪口呆，不知如何作答。

"如果买康佳，买的是中国的彩电业；如果买飞亚达，买的是中国的钟表业。而万科，我要买你什么？"基金经理继续发难。

"你这风险最大，因为哪个行业万科都站不住脚。"

多年之后，王石想必仍然记得当时这场对话。

很多人将这件事情与万科随后潜心于"减法战略"归纳为因果关系。也许王石在这场对话得到的震撼对他的战略构思有着重大影响。

企业始终处于不断变化的场景之中。适应变化者生存、变革创新者常青、持续奋斗者长盛，这是古今不变的规律。敏锐洞察环境变化的趋势，始终顺势而为、因时而变，是企业得以生存和持续发展的根本法则。减法战略，是万科发展到一定阶段，在对整个市场变化情况和自身条件的权衡分析之后做出的调整。

从 1994 年开始，万科坚定不移地做减法，聚焦住宅开发主业，出售了除主业之外的所有生意。人们称之为万科大跳"减肥操"。万科的"减肥"运动，包括 3 个方面：一是退出与住宅无关的产业；二是收缩住宅产业战线；三是减少房地产行业产品的品种。退出与住宅无关的产业，以万科从深圳市万佳百货股份有限公司全身而退为标志；收缩住宅产业战线，从已经开发住宅项目的 13 个城市削减为深圳、上海、天津和北京这 4 个城市；减少房地产行业产品的品种，同样也是为了向住宅产业集中资源。以前，万科在房地产上的开发品种包括住宅、酒店和写字楼。经过收缩，万科成为一家只经营住宅的房地产企业，与那些从住宅产业转而进军酒店和写字楼的房地产企业形成了鲜明的对比。正因为如此，当房地产黄金时代来临时，万科成为准备最充分的选手之一，最终成为全国乃至全球最有影响力的住宅企业之一。在战略选择上，万科的减法战略早已成为我国企业坚定不移落实战略定位的典型案例。

在制度建设上，基于创始人王石对现代企业制度文明的深刻认识，1988 年尚处于创业发展期的万科，便开始主动选择建设现代公众企业的规范治理体制，在企业股份化改造上市、建立企业治理结构与职业经理人制度等方面，敢为人先、率先实践。万科也成为我国第一批上市企业，以及职业经理人制度的标杆企业。

在文化建设上，王石带领团队怀着对现代商业文明的理想与追求，建立了"大道当然"的企业文化价值观。人文精神、规范透明、阳光自律等精神和行为特征，都深深地烙印在万科的企业文化中。

在组织建设上，基于战略的聚焦，万科不断学习世界优秀企业，博采众长，在行业中率先建立了专业总部和"总部—区域—一线"三级管理架构，有效支持了主营业务的发展，这种管理架构也成为行业内普遍采用的标准范式。

在人才的培养上，万科从成立的第一天起，就明确尊重人才，坚持"人才是万科的资本"，吸引了大量优秀人才加盟万科，也激励着每一位万科人持续奋斗。一批批优秀的职业经理人在万科成长为行业的领军人才，万科也被誉为"行业的黄埔军校"。

面对经济结构性转型、城市化进程深化、人口结构变迁等中长期趋势，万科再一次主动开启"战略—机制—文化—组织—人才"五位一体的全面转型升级。在战略上，万科追求与城乡和客户同步发展，从房地产开发商向城乡建设与生活服务商转型；在机制上，以混合所有制为体制基础，推进职业经理人制度向事业合伙人机制的再升级，打造同心同路、合伙奋斗的事业合伙人队伍，共同拥抱新时代的机遇与挑战；在文化上，继承"大道当然"的文化品格，发展"合伙奋斗"的事业合伙人文化，以共识、共创、共担、共享的理念原则，牵引思维、行为与机制的持续创新；在组织上，全面重构，以战略方向、文化导向和事业合伙人机制为主线，打造矢量组织、冠军组织和韧性组织；在人才上，持续创造真实价值的事业合伙人队伍，通过凝聚和激发广大奋斗者来推动事业的不断发展，通过事业的发展来实现全面价值和共同成就。

**讨论：**

1. 万科为什么选择减法战略？你如何看待万科的战略决策？
2. 分析万科成功秘诀。在房地产宏观调控的背景下，你对万科有怎样的建议？

# 课前自学

# 一、认识营销战略策划

营销战略策划是企业为实现一定的营销目标而设计和制定的带有全局性、长远性和根本性的行动纲领和方案，是企业高层领导者通过对企业外部环境和内部资源进行认真分析和研究后做出的慎重决策，反映企业高层领导者对企业长远发展的战略思想。为此，要制定正确的营销战略，就需要按照科学的程序进行有效的策划。

## （一）营销战略策划的相关知识

营销战略的核心是把消费者的需求转化为企业的盈利机会。要实现这一转化，企业需要设定正确的营销目标、选择正确的营销战略，并通过营销战略管理来实现营销战略目标。

### 1. 营销战略的含义与特点

战略（strategy）是企业的长远发展目标，与企业的宗旨和使命相吻合，并指出实现长远发展目标的策略和途径。它是一种思想、一种思维方法，也是一种分析工具和一种较长远和整体的计划。

战略是指企业重大的、带有全局性或影响全局的计谋。战略为企业的发展指明方向；战略有助于企业提高预见性，克服短期行为；战略的好坏成为企业经营管理成败的关键。营销真正的成功在于对市场战略性的思考。

营销战略（marketing strategy）是指企业在现代市场营销观念下，为实现其经营目标，对一定时期内市场营销发展的总体设想和规划。营销战略是企业战略中的核心战略。

战略营销是指以营销战略为主线和核心的营销活动。战略营销观念认为，企业营销应提升到战略高度，要用全局的、长远的观点来策划企业的营销活动。因为营销活动的成败决定着企业的存亡，所以要保证营销战略的顺利实施。

📖 **营销案例**

## 巨人公司的战略失误

早期的巨人公司发展计算机业务。其抓住了计算机科技的发展机遇，通过市场细分，采用集中性目标策略，以汉卡与联想（品牌机）、四通（品牌机）相区分，获得了集中投入后的高市场占有率。

受市场竞争影响，巨人公司转向营养保健品市场、房地产市场，目标市场选择失误。在这两个目标市场，巨人公司既没有能力满足市场需求，又不占有竞争优势。

投巨资建设巨人大厦，是巨人公司的又一次战略失误，结果半途而废。因其欠下银行巨额贷款，巨人大厦不得不被银行收回。

巨人大厦本应是巨人公司丰碑式的建筑，结果却成了一个拥有上亿资产的公司衰落的开始。巨人公司失败的原因不能浅显地归纳为投资的失误，巨人公司失败的原因既有客观的因素，也有主观的因素，但关键还是决策者本人没有看清巨人公司究竟是一个怎样的公司、巨人公司应该朝什么方向发展。一个白手起家的民营企业，资本规模迅速扩大，真正长成一个"巨人"时，公司的战略规划就显得越来越重要。巨人公司的衰落，正是战略的严重失误导致的。

### 2. 营销战略策划的流程

营销战略是对企业营销活动的总体规划。营销战略策划包含以下五大步骤。

（1）分析市场机会。市场机会是指市场上存在的尚未被满足或尚未完全被满足的需求。寻找和识别市场机会是市场营销管理过程的起点，也是企业制定市场营销战略的主要依据。但市场机会并不等于企业机会，只有当企业具备某些必要的成功条件时，市场机会才能变成企业机会。作为一个企业的决策者，重要的是善于发现新的市场机会，选择市场机会，开辟新的市场。

（2）分析营销环境因素。对市场环境进行分析是企业制定营销战略的前提。营销战略策划实际上就是把企业自身的条件和企业外部的环境有机结合起来，并从中选择一个最佳的行动方案。所以，分析营销环境因素，除对市场环境进行分析以外，还要对企业的自身条件进行分析。企业在对主、客观条件进行分析时，必须注意两个问题。

第一，要用广阔的经营观念看待企业的生存条件。狭隘的经营观念会导致企业以生产为中心而不是以市场为中心。企业如果把眼光放在生产上而非市场需求上，就会产生短期的经营行为，而忽略企业的长远发展。

第二，充分利用企业现有的资源。企业的战略目标是在有效利用现有资源的情况下来完成的，这样在增加产品销量的同时不会增加成本，有利于增强产品的竞争能力，避免或减少风险。

（3）策划企业的营销目标。企业的营销目标，是指在一定时期内企业营销活动要达到的目的。企业主要的营销目标有销售额、利润、市场占有率、销售增长率等。企业在制定营销目标时，要注意目标必须具体，要能用数量指标表达，并且符合企业资源情况，切实可行。

（4）策划实现营销目标的执行方案。确定营销目标后，营销战略策划人员就要为企业制定几套可供选择的、可以实现预定营销目标的方案，并对方案进行分析、比较、研究，从中选择最优方案。选择方案时，要以对未来结果的预测和判断作为先决条件。而对未来结果的预测和判断，可能会出现以下 3 种情况：一是方案中的各项指标都能达到预期目标，方案是正确的；二是方案中的一部分指标不能达到预期目标，方案本身存在一定的风险性；三是方案的目标是个未知数，这种方案是不确定方案。在目标确定时，要尽量减少未知数。

（5）方案的实施与控制。选出最优方案后，下一步的工作是方案的实施与控制。市场营销战略方案的制定，只是企业整个市场营销活动的开始。企业应尽力对其进行组织实施，并尽一切努力来解决战略方案实施过程中遇到的问题，从而保证营销战略方案的顺利实现。

## 📖 营销案例

### 老兔子和小兔子

森林里住着两只兔子。有一天，一只小兔子正在疯狂地奔跑，老兔子看到了，不解地问它为何这样匆忙。小兔子喘着气停下来，奇怪地反问道："难道您不知道狩猎季节已经到了吗？"老兔子注视着小兔子，语重心长地说："小伙子，如果你只是为这件事烦恼，我倒有个解决的方案。那就是把自己变成一棵大树，猎人就会从你身边走过去，不再开枪打你，因为他们把你当成一棵树。""这可是绝妙的好主意！"小兔子说，"为什么我以前就没有想到呢？如果那样，猎人就会走过去，不会注意到我。非常感谢！"听完小兔子的话后，老兔子接着走自己的路，忽然又听到小兔子在后面紧张地问："可是我怎样才能把自己变成一棵树呢？"老兔子又停下来，耸耸肩膀，冷冷回答道："小伙子，我已经给了你一个好主意，你应该感谢我，不要再拿这些细节的问题来烦我了。你应该自己解决。"

## （二）营销战略策划的内容

营销战略策划是指企业从营销全局出发，根据自身所处的内、外部环境及可取得的资源情况，对企业营销目标、达到目标的途径和方法进行总体规划。营销战略策划主要包括以下内容。

### 1. 营销战略目标和营销战略方案的选择和策划

营销战略目标是指企业在战略思想指导下，在战略时期内企业全部市场营销活动所要达到的总体要求。它规定了企业市场营销活动的总任务并影响企业发展的行动方向。依据不同的战略问题，市场营销战略有不同的战略目标。其共性目标有市场开拓目标、市场创新目标、销售增长率目标、市场占有率目标和实现利润目标等。

营销战略方案是为实现市场营销目标而采取的行动方案，制定营销战略方案是一项重要而复杂的工作，涉及企业各部门和营销活动的各个环节，并受企业经营环境和市场供需变化及内部条件等各种相互联系、相互作用因素的影响。

### 2. 营销战略类型的选择和策划

以主动地适应外部环境和能动地改变外部环境为依据，市场营销战略可划分为以下两种类型。

（1）市场开拓战略。市场开拓战略（也称市场拉动战略）是指企业为适应市场需求的变化，在一定时期内采取的市场开拓经营总体设计。市场开拓战略又可分为市场渗透、市场开发和产品开发 3 种类型。市场渗透战略是企业以现有产品固守现有市场，通过广告宣传和多种促销手段提高市场占有率。市场开发战略是企业以现有产品开发新市场，包括开发国内新市场和国际市场及开发产品的新用途。产品开发战略是企业向现有市场提供新产品，增加新品种，进而提高市场占有率。

（2）市场创新战略。市场创新战略也称技术推动战略，是指企业开发新产品和服务，从而开辟新市场及扩大企业市场占有率。很多企业生产同类产品，因此市场供应远大于市场需求，市场竞争异常激烈，面对此种情况，企业可采用这种战略。

企业推行市场创新战略的基本条件：具有技术创新和产品创新能力，具有引发相关潜在需求和推销新产品的能力，具有新产品市场营销组合策略的能力。实行市场创新战略主要是挖掘消费者的潜在需求，用新产品去开拓新市场，使消费者某种不明确的需求变成具体的购买欲望。实行市场创新战略后，企业从中挖掘出潜在的市场，并且提高产品质量、创立名牌和提供优质服务，扩大市场占有率。

## （三）营销战略策划书的编制

营销战略策划书是根据企业战略要求，在研究市场环境和内部条件的基础上对企业营销目标、达到目标的途径和手段进行总体规划的计划性书面材料。它是营销战略策划方案的书面反映。营销战略策划书主要包含以下 4 个部分。

### 1. 封面

封面主要包括名称、策划机构或策划人的名称、策划完成日期、策划适应时间段、保密等级等内容。

### 2. 目录和前言

目录实际上就是营销战略策划书的提纲。前言一方面是对策划内容的概括性表述，另一方面是引起阅读者的注意和兴趣。

### 3. 摘要

摘要是对营销战略策划书的总结性陈述。其目的是使读者对营销战略策划书内容有一个非常清晰的概念，便于读者理解营销战略策划人员的意图和观点。

### 4. 正文

正文是营销战略策划书中最重要的组成部分之一，包括策划目的、营销环境分析、SWOT分析、营销目标、营销战略、营销组合策略、行动方案及费用预算等内容。营销战略策划书的正文内容如表 3-1 所示。

表 3-1　　　　　　　　　　　营销战略策划书的正文内容

| 正文结构 | 具体内容 |
| --- | --- |
| 策划目的 | 明确所要达到的目标 |
| 营销环境分析 | 包括宏观环境分析、行业分析、竞争分析、企业自身及营销情况分析、消费者分析 |

| 正文结构 | 具体内容 |
|---|---|
| SWOT 分析 | 包括优势、劣势、机会和威胁 4 个方面的分析 |
| 营销目标 | 包括财务目标和营销职能目标 |
| 营销战略 | 包括营销宗旨、市场细分及目标市场选择和市场定位 |
| 营销组合策略 | 包括产品策略、价格策略、分销渠道策略和促销策略 |
| 行动方案 | 根据策划期内各时间段的特点，推出各项具体行动方案 |
| 费用预算 | 包括营销过程中的总费用、阶段费用、项目费用等 |

# 二、市场定位策划

市场定位策划是指企业在市场细分的基础上确定目标市场，并通过各种途径、运用各种手段，为企业的产品、品牌树立良好形象而制定一套详细的方案及其措施的过程。

## （一）市场定位策划的意义和原则

市场定位是指确定企业及产品在目标市场所处的位置，是营销策划人员用以在目标消费者的心目中塑造产品、品牌或企业形象的营销技术。

### 1．市场定位策划的意义

市场定位策划在企业营销战略策划中占有重要位置，是市场营销组合策划的基础。市场定位策划能创造差异，有利于增强企业的竞争能力，是营销战略策划的前提。市场营销组合策划是企业占领目标市场、进行市场竞争的基本手段，是市场定位策划的具体战术。市场定位策划是整合市场传播策划的依据。整合市场传播策划的最大优势在于用多样化的传播或促销手段向目标市场传达同一诉求，实现各种传播资源的合理配置，从而以相对较低的投入产出较高的效益。市场定位策划有助于树立良好的企业及其品牌形象。以市场定位为依据、以在消费者心目中创立企业产品或品牌的特定形象为中心，这是一种十分有效的方案及措施。

> **营销视野**
>
> 阿尔·里斯（见图 3-1），定位理论的创始人，美国《商业周刊》的封面人物，被《公关周刊》杂志评为 20 世纪 100 个有影响力的公关人物之一。
>
> 其代表作《定位：争夺用户心智的战争》一书引领了市场营销学界"定位"的潮流。其营销思想认为，"定位法"是在这个传播过度的社会里解决传播问题的首选思路。说得确切一些就是，企业必须在预期消费者头脑里建立一个"地位"，它不仅反映企业的优势和劣势，也反映其竞争对手的优势和劣势。现在的企业太多，产品太多，市场上的噪声也太多，进入消费者头脑最容易的办法是争做第一。

图 3-1　阿尔·里斯

### 2．市场定位策划的原则

市场定位策划需要遵循以下三大基本原则。

（1）可入性原则。可入性原则是指在营销战略策划中的目标市场是可以进入的，否则它就不能成为本企业的目标市场。

（2）现实性原则。现实性原则是指作为市场定位的细分市场必须是现实的、可操作的，而不能仅仅是从理论上分析存在的市场。

（3）价值性原则。价值性原则是指作为市场定位的目标市场必须有可开发的价值。

营销策划人员进行市场定位策划时要考虑以下3个问题：第一，企业能否从定位市场中获取利润；第二，定位市场是否具有相对的稳定性，能够使企业在相当长一段时间内不需要改变目标；第三，定位市场能否适应企业扩大发展的要求。

## （二）市场定位策划的模式与内容

市场定位不是对产品本身做实质性的改变，而是发现市场。定位的关键是找出消费者心理上的坐标位置，从而确定自己的竞争优势。企业只有选择了正确的定位模式、定位内容，才能强化针对性，使企业营销处于不被动的局面。

### 1. 市场定位的模式

市场定位的模式包括统一定位模式、集中定位模式和差异定位模式。

（1）统一定位模式。统一定位模式不进行市场细分，而是把整个公众都当作目标市场推进营销。这种定位方式普遍用于物资匮乏、产品供不应求的卖方市场时代，目前只有消费者需求无差异的产品（如食盐）的销售采用这种定位模式。这种定位模式的优点是可以降低生产成本，节约销售费用。

（2）集中定位模式。集中定位模式是指企业针对某一特定的细分市场开发特定的产品，策划并制定特定的营销方案。很多资金实力有限的企业无法在一个大市场上争取到自己的市场份额时，便可采取集中定位模式，在某一个或者几个小的细分市场上取得较大的市场占有率。这种定位模式的优点：减少市场竞争、节约资金。但这种定位模式也有它的缺点，即风险较大：一是市场开辟风险较大，很少有十足的把握保证新开辟的市场启动成功；二是市场维系风险较大，因为集中定位的市场一般都比较小，即便启动成功，也可能会因市场风云突变而损失惨重。

（3）差异定位模式。差异定位模式是企业针对多个细分市场分别设计不同的产品和不同的营销方案来占领这些细分市场。这是目前企业普遍采用的一种定位模式，也称多角化定位模式。这种模式的优点：可以增加销售总额，因为不同细分市场所占的份额可以构成可观的销售总额；可以化解企业经营风险，因为企业命运并不完全受一个细分市场的影响。但差异定位模式也有缺点：一是增加了经营成本，因为要维持各个细分市场的产品生产和销售，这无疑会增加产品的生产、营销、改进、发展和存货的成本；二是企业比较脆弱，因为在各个细分市场都要占有一席之地，所以其份额一般都不大，很容易被别人从细分市场上挤掉；三是市场开拓深度不够，因为资金分散于各个细分市场，所以很难集中资金对某个细分市场进行深入开发。

### 2. 市场定位策划的内容

市场定位策划包括企业定位策划、品牌定位策划和产品定位策划3个方面，三者在内容、影响和策划方法上都有区别。

（1）企业定位策划。企业定位是关于企业以什么服务于社会、以什么立足于市场的本源性、战略性思考。企业定位策划的主要内容包括企业的产业领域在哪里、企业在行业中的市场地位是什么、企业的经营模式和盈利模式是什么、企业的发展战略和企业文化是什么等，因此，企业定位的策划思考是涉及企业生存和企业生命本源的核心思考，是企业使命和企业愿景方面的哲学思考。

企业定位策划从本质上讲，是企业家的重要职责与重要职能。当然，企业家需要征集企业内部意见，尤其是企业战略规划与发展部门的意见，也需要借助外脑（如营销咨询公司）的智慧。但这些都不能取代企业家自身在企业定位策划中的地位与作用。企业定位策划是面向不确定的未来的宏观思考，企业家需要有高瞻远瞩的视野、把握时代发展趋势的眼光，能够整合各种资源，不独断专行，能够借鉴其他优秀企业的成功案例。

（2）品牌定位策划。品牌定位是品牌营销过程中重要而关键的环节。品牌定位影响品牌的发展方向、形象，以及品牌对于消费者的核心价值，因此，品牌定位也就影响着品牌的命运。

品牌定位策划应该明确品牌的产品品类、品牌服务的目标消费对象、品牌承诺提供给消费者的核心价值、品牌的个性风格、品牌的使用和消费场景等，这样才能占领消费者的心智，给消费者一个购买的理由。

（3）产品定位策划。产品定位是在营销策划时确定产品各种属性的位置、档次。其具体内容包括产品的质量定位、产品的功能定位、产品的造型定位、产品的体积定位、产品的色彩定位、产品的价格定位等。产品定位策划是产品营销策划的重要基础组成部分，如果产品定位策划没有开展或定位模糊，产品的研发策划、定价策划、分销策划和促销策划等都将无法开展。

产品定位策划和企业定位策划、品牌定位策划关系非常密切。在企业以品牌战略推动产品营销的模式下，企业定位策划影响产品研发、产品营销的大致方向，品牌定位策划影响产品研发和营销的具体方向。品牌定位策划与产品定位策划直接相关，是产品定位策划的基础和依据。

### 议一议

你认为产品定位最主要的两个依据是什么？能举例说明吗？

## （三）市场定位策划的途径

确定产品的特色、让本企业的产品与市场上的其他竞争产品有所区别，这是市场定位策划的出发点。要做到这一点，就要进行创新策划，强化产品差异。一般来说，产品差异化策划可以从以下几个方面进行。

### 1. 通过产品实体的创新体现产品差异化

通过产品实体的创新体现产品的差异化，即产品在功能、质量、构造、外观、包装等方面与其他企业生产的同类产品存在差异。同一产业内不同企业所生产的产品，虽然其用途基本相同，但其在设计、构造、功能、包装等方面，可以通过不同的创新形式形成产品的差异化，从而赢得消费者的喜爱。比如，改进质量、完善产品的使用性能；改进特性，在产品大小、重量、材料或附加物等方面改变或增加某些属性，扩大产品的适用性；改进产品的款式和包装，增加产品美感等。

### 2. 通过服务创新实现产品差异化

通过服务创新实现产品差异化，即企业除向消费者提供产品外，还可向其提供信息、服务、维修乃至信用资助等，在服务上形成产品差异化。比如，企业通过安装培训、调试、使用指导、分期付款、维修服务和质量承诺等服务手段实现产品差异化，使消费者产生对企业产品的偏好，从而提高企业产品的市场占有率。财力较弱、行动迅速、反应灵敏的中小企业，在这方面的创新空间更为广阔。

### 3. 通过信息传递实现产品差异化

通过信息传递实现产品差异化，即企业通过文字、图像、声音等媒体，利用各种传播手段，将产品特征等信息传递到目标市场，让消费者感到本企业的产品与同类产品的差异，从而在消费者心目中树立该产品与众不同的形象。

> **边学边做**
>
> 如果你是一家生产笔记本电脑的厂商，你将如何为自己产品进行定位？说明原因。

## （四）市场定位过程策划

市场定位过程策划是指企业明确潜在的竞争优势、选择相对的竞争优势及显示独特的竞争优势的方案及措施。

### 1. 明确潜在的竞争优势

明确潜在的竞争优势，要求企业从以下 3 个方面寻找明确的答案。

（1）目标市场上的竞争者做了什么？做得如何？

（2）目标市场上的消费者需要什么？如何满足他们的欲望？

（3）企业能够做些什么？

### 2. 选择相对的竞争优势

相对的竞争优势是指企业能够胜过竞争者的优势，有的是现有的，有的则是具备发展潜力的，还有的是可以通过努力创造的。简而言之，相对的竞争优势是企业能够比竞争者做得更好的方面。

### 3. 显示独特的竞争优势

选定的竞争优势不会自动地在市场上显示出来，企业要进行一系列活动，使其独特的竞争优势进入目标消费者的心中。企业应通过自己的一言一行，表明自己的市场定位。企业要做到这一点应进行创新策划，强化本企业及其产品与其他企业及其产品的差异性，主要包括创造产品的独特优势、创造服务的独特优势、创造人力资源的独特优势、创造形象的独特优势等。

## （五）市场定位策划的策略

市场定位策划常用的策略如下。

### 1. 针锋相对的定位策略

针锋相对的定位策略，又称竞争性定位策略，即在目标市场上，企业与现有竞争者的企业定位相似或重合。采用这种策略时，企业要与竞争者争夺同样的目标消费者，并且双方在产品、价格、分销及促销等方面基本没有差别。例如，百事可乐运用针锋相对的定位策略，与可口可乐之间持续不断地竞争。

## 2. 填补空隙策略

填补空隙策略也称避强定位策略，是企业尽力避免与实力较强的其他企业直接发生竞争，而将自己的产品定位于另一市场区域内，使自己产品的某些属性或特性与较强的竞品有比较明显的区别。

## 3. 重新定位策略

重新定位策略是指企业对已经上市的产品进行再定位。采用重新定位策略的企业需要改变目标消费者对其原有的印象，使目标消费者对产品建立新的认识。一般情况下，这种定位策略目的在于摆脱困境，重新获得增长与活力。

企业通常采用 4 种定位方法：一是根据产品的属性及利益定位；二是根据产品的质量与价格定位；三是根据产品的不同用途定位；四是根据企业的竞争地位定位。企业应根据自身的条件正确选用市场定位的方法。值得一提的是，企业还应树立动态的市场定位观念。企业的市场定位不是一成不变的，当企业外部环境及内部条件发生变化时，企业需要重新进行市场定位。市场定位应注意的问题是避免定位过低、定位过高、定位模糊与混乱。

总之，市场定位实际上是一种竞争策略，是企业在市场上寻求和创造竞争优势的手段，企业要根据产品的特点、竞争者的特征及目标消费者的需求加以选择。在实际营销策划中，企业往往是多种策略结合使用。

### ▶ 边学边做

> 依傍着长江的江南小城芜湖，其当地小菜（酱菜）非常可口，深受年轻人的喜欢。其中芜湖市繁昌区荻港镇的香菜非常美味。请登录荻港甘氏香菜淘宝店查看其商品，再用"香菜小菜"在淘宝中搜索其他店铺，根据课堂所学的市场定位策划有关知识，分析荻港甘氏香菜淘宝店的定位方法和定位战略，并说明理由。

# 三、企业形象策划

企业形象策划是一个系统工程。这需要企业全方位开展工作，能够对企业经营理念进行清晰界定，并将这一理念贯穿于各种行为活动、视觉设计中，使社会公众认知、认同企业，以树立良好的企业形象。

## （一）企业形象认知

企业形象是社会公众对企业的总体看法和综合评价，它是企业外观形象与内在气质在公众心目中的一种综合反映。其构成可以分成外表要素（如企业的名称、规模、建筑物、产品结构、产品质量等）、行为要素（如企业的宗旨、行为规范、价值观、技术状况等）和体制要素（如企业的经营机制、销售渠道、组织结构、管理方式、经营理念等）三类。企业形象的构成要素从管理的角度进行分类，可以划分为以下 7 类。

### 1. 员工形象

员工是完成企业工作的主体，是塑造和传播企业形象最活跃的因素之一，还是企业形象的代表者和展示者。因此，塑造员工形象是塑造企业形象的基础。塑造员工形象的主要途径有以下 3 种：一是要提高员工的整体素质，让员工注意不断提高自身修养与素质，认识到形象塑造的重要性，自觉成为企业形象的塑造者和代表者；二是培养员工的敬业精神，使员工养成对工作一丝不苟的品质，自觉把自己的前途与企业的发展紧密联系起来；三是鼓励员工培养高尚的道德情操、不断进取的精神和健康向上的价值观，使企业拥有蓬勃向上的活力。

### 2. 领导形象

领导形象即公众对企业领导者的总体看法和评价，包括领导者的仪表、气质、工作方法、工作作风和交际方式等外在形象，以及理论水平、决策能力、创新精神和信念、意志力等内在素质形象。

### 3. 产品形象

产品形象包括物质产品形象和精神产品形象。物质产品形象要求实用、新颖、规格齐全、价格合理；精神产品形象要求健康、生动和富有活力。产品是企业形象直观、具体的代表，是公众认识企业的第一个接触点，在塑造企业形象中具有十分重要的作用。

### 4. 服务形象

服务形象塑造的主要途径：一是树立优质服务的意识，这要求企业全体员工树立牢固的以为消费者提供优质服务为荣的观念，将自己的一切活动和工作都看作自己为公众提供服务的机会；二是要配置完善的服务设施和条件，为消费者提供优质服务。

### 5. 竞争形象

企业竞争形象塑造的目标，就是要将企业塑造成遵循竞争规则、注意相互合作、能够相互理解和公平竞争的形象。

### 6. 信誉形象

对于企业而言，信誉是其重要的无形资产，能够为企业带来高于正常投资报酬的利润。信誉形象塑造的目标是让企业在公众心目中树立一种恪守信用、对公众负责、勇于承担社会责任的良好形象。

### 7. 环境形象

环境形象的塑造也是企业形象塑造的重要方面。环境形象塑造的目标是为企业塑造出一种优美高雅、整洁有序的环境形象。

### 📖 边学边做

请列出饮料市场中知名的产品、品牌和企业形象定位策划的案例。

## （二）企业形象识别系统的策划

企业形象识别系统（Corporate Identity System，CIS），由理念识别系统（Mind Identity，MI）、行为识别系统（Behaviour Identity，BI）、视觉识别系统（Visual Identity，VI）3 个要素构成。

在 CIS 中，MI 是企业在长期发展中逐渐形成的基本精神和具有独特个性的价值体系，即企业的经营思想、企业精神、企业价值观等，它是企业宝贵的精神财产和不断发展的原动力。BI 是企业在经营理念的指导下形成的全体员工自觉遵守的行为方式和工作方式，包括企业对内的管理和对外的公关与经营等活动。组织化、系统化、统一化的 VI，有助于将 MI 和 BI 的信息表征化为一个简单的视觉符号，如商标、厂牌、图案文字或者一种统一的色彩、音乐和歌曲等，以突出企业的个性，塑造出独特的企业形象。同时要将这些视觉符号通过各种传播媒介传播给公众，让公众对企业产生特别印象和感受，对企业产生信赖和偏爱。企业 CIS 构成如图 3-2 所示。

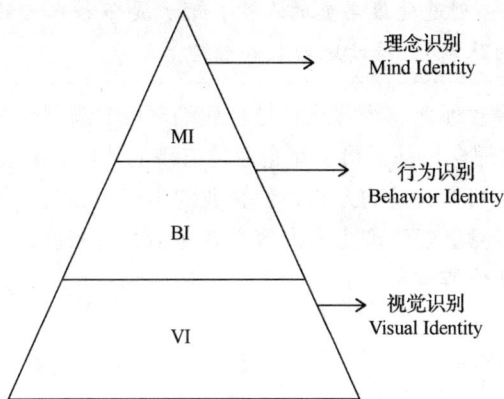

图 3-2　企业 CIS 构成

MI、BI 和 VI 三者的关系可以表述如下。MI 是企业形象识别的中心，它直接关系到企业的发展方向和前途，直接关系到企业形象识别战略计划能否顺利实施；它还是 BI 和 VI 的依据，也就是说，BI 和 VI 的策划都是以 MI 为依据进行的。BI 是 MI 的具体表现，即 MI 的经营宗旨、经营方针和企业精神等，都要通过 BI 的一系列行为将其具体化并进行实践，没有 BI，MI 只能是一纸空谈。VI 的主要作用是将抽象的精神理念和具体的行为活动差别，通过视觉形象表达出来，并进行广泛传播，达到让消费者识别、记忆、认可的目的。可见，MI、BI 和 VI 三者都是企业形象识别不可缺少的部分。但是，在具体实施时，三者可以分别进行。

### 1. MI 策划

MI 是企业独特的文化和价值观，它包括企业的经营思想、企业精神、企业文化、企业价值观和企业目标等内容。它一般以经营宗旨、经营方针、精神标语或者座右铭的形式呈现。它具有导向性，可以影响和引导一个企业的行为方向；它具有渗透性，一旦某种理念被企业成员所认同，企业就能有效地运转；它还具有强化性，可以对企业成员产生激励作用，促使他们努力完成工作任务。MI 的策划与开发，可以通过以下 3 条途径实现。

（1）培育具有个性的企业精神。企业精神是整个企业运作的精神支柱，是企业在长期的生产经营活动中形成的，并被全体员工认同和信守的理想目标和价值准则。因此，企业精神不仅是一种有个性的精神，还是一种团体精神，反映了企业的凝聚力和活力，它一旦扎根于员工心中，就会形成默契、共识和觉悟。企业精神一般简明扼要。

### 📖 营销案例

2015 年 5 月 1 日，万科发布了新一代企业标识。从"让建筑赞美生命"到"赞美生命，共筑城市"，代表着万科面对我国城市化进入新阶段，将继续以三好（好房子、好服务、好社区）为载体，始终坚持与城市共同发展的重要战略，全面进入向"城市配套服务商"转型的时代。

1. 万科全新企业形象：赞美生命，共筑城市。

2. 万科企业愿景：成为我国房地产行业的持续领跑者。

3. 万科企业宗旨：建筑无限生活。对客户，了解你的生活，创造展示自我的理想空间。对投资者，了解你的期望，回报令人满意的理想收益。对员工，了解你的追求，提供成就自我的平台。对社会，了解时代要求，树立现代企业的理想形象。

4．万科核心价值观：创造健康丰盛的人生，客户是万科永远的伙伴，人才是万科的资本，建设"阳光照亮的体制"，持续地增长和领跑。

（2）确立具有特性的经营理念。经营理念是企业经营价值观强化为一种信念的结果，它是企业精神的集中体现。经营理念是基于员工对企业价值观的认同，并将其强化为信念而形成的，这种共同的信念让员工有了自觉行动的方向，使企业的生产、经营和管理活动达到高效率，其坚定性直接影响着企业的经营。经营理念的内容主要包括经营宗旨、经营方针、社会责任感和企业价值观等。其中，企业价值观是企业员工据以衡量事物的标准，是经营理念中十分重要的部分。

（3）设计具有感召力的企业口号。设计具有感召力的企业口号就是将企业精神、服务特色、价值取向等用精练的语言表达或者描述出来。例如，广州白云山制药厂的口号是"广药白云山，爱心满人间"。

企业口号是企业精神的外在反映。一方面，它能约束、规范企业的经营和管理行为，并被内化为全体员工的精神动力；另一方面，独特的、富有创意的企业形象口号，能有效地吸引公众对企业的关注，加深公众对企业的理解和认同，有助于企业展示风采，是宣传企业形象的有效手段。

### 2．BI 策划

BI 通过企业的经营活动、管理活动、社会公益活动来传播企业的精神与思想，达到建立知名企业的目的。如果说 MI 是企业的"想法"，则 BI 就是企业的"做法"。

BI 策划的内容包括两大部分：对内的活动和对外的活动。

对内的活动以创造理想的内部经营条件为目的，包括企业的经营管理活动，主要有管理过程、管理制度、管理方法、管理责任、管理机构等；企业内部的员工信息沟通活动；员工教育活动；生产福利与工作环境建设；对股东的传播活动；劳动保护和公害对策；企业各方面工作的研究与发展等。

对外的活动以创造理想的外部经营环境为目的，包括市场调查、产品开发、公共关系活动、促销活动、流通对策、销售代理商合作、金融与股市对策、社会公益活动、文化活动，以及处理与主管部门、政府职能部门的关系。

### 📖 营销案例

麦当劳的行为识别系统，就是其经营理念的具体化。其经营理念可以用 QSCV 来表示，即品质（Quality）、服务（Service）、清洁（Cleanliness）和物超所值（Value）。麦当劳通过制定一套完整的准则来保证员工的行为规范。这些准则有员工训练手册，岗位检查表，品质导向手册，管理人员训练手册，工作的程序、步骤和方法等，十分具体地规定了员工的行为。例如，麦当劳的餐厅服务分为 20 多个工作段，包括煎肉、收货等，每个工作段都有岗位检查表，有助于详细地说明各工作段事先应检查的项目、步骤和职责。只要遵守上述准则，就能保证 QSCV 经营理念的实施。

### 3．VI 策划

VI 是企业以视觉、听觉感染力为媒体，将企业理念、文化特质、服务内容、企业规范等抽象的概念，经由组织化、系统化、统一化的识别设计，转化为容易被公众吸收的视觉、听觉称号，来表达企业形象信息的识别方式。它是企业形象识别系统中形象化、直观化地表达企业特征，以及具传播力与感染力的一个系统。

企业 VI 策划包括两个方面：一是视觉基本要素设计项目，有企业名称、企业标志、品牌名称、产品标志、企业标准字、产品标准字、企业标准色、企业专用印刷书体、企业象征物、企业专用图案等项目；二是视觉应用设计项目，包括办公用品、招牌、旗帜标识牌、员工制服、赠品、交通工具、环境设计、产品设计、包装用品、广告用品、展示陈列等项目。

世界上一些知名的跨国企业如荷兰壳牌、美国可口可乐、日本佳能、日本住友银行等，无一例外都建立了一整套完善的 CIS，他们在竞争中立于不败之地离不开科学有效的视觉传播。近二十年来，国内一些企业也逐渐引进了企业形象识别系统，从早期的太阳神、健力宝，到后来的康佳、创维，都在实践中取得了成功。企业要想长远发展，有效的企业形象识别系统必不可少，并能成为企业腾飞的助跑器。

## （三）企业形象识别系统的导入

企业形象识别系统的导入是一个复杂的系统工程，其需要各类专家和专业人才的通力合作，需要专家与企业决策者的密切配合，才能完成。

### 1. 导入 CIS 的时机

企业出现下列现象，可通过导入 CIS 走出困境。

- 企业名称老化，易被误认、误解。
- 企业实施多角化经营后，企业形象的一贯性、统一性逐渐丧失。
- 企业与其他企业合并后，需重塑企业形象。
- 企业名称与产品形象不符。
- 在同行竞争中，企业处于不利地位。
- 企业知名度低。
- 企业形象不好，员工士气低落。
- 企业形象因营销活动中某事件受损，产生负面效应。
- 旧的企业形象有碍于进军新市场。
- 企业缺少能代表企业形象的标志。
- 企业缺少某种特定的产品形象，成为其他产品的障碍。
- 企业人才吸引力差。
- 企业形象赶不上国际化的潮流。

### 2. CIS 导入的程序

企业导入 CIS 应按一定程序进行。CIS 导入的程序主要划分为 4 个阶段，即提案阶段、调研阶段、开发设计阶段和实施管理阶段。这 4 个阶段的规划囊括了 CIS 策划的主要内容，是一个相互衔接的过程，每个阶段都有其特定的任务和工作重点。

（1）提案阶段。提案阶段具体工作包括：明确导入 CIS 的动机；组建负责 CIS 的机构；安排 CIS 作业日程表；完成 CIS 提案书。CIS 提案书要求按规范完成，充分说明导入 CIS 的原因、背景、目的、负责机构的设想、作业安排、项目预算，从而使推进方针与期待成果明确化。在机构建设方面，成立 CIS 执行委员会，明确 CIS 执行委员会的组成、职责和权限，使其与企业共同执行 CIS 计划。

（2）调研阶段。企业在导入 CIS 之前要进行详细的企业调研。调研的主要内容有企业实态调查、企业形象调查、内部调查、外部调查、社会环境调查。在调查之前要制定调查流程，即确定选题、确定对象、设计问卷，以及确定调查方法、人员、日期、费用。

（3）开发设计阶段。根据企业调研的结论来确定企业理念，包括企业价值、企业事业领域、企业经营战略等。根据新的理念、精神来矫正企业内部、外部各项活动，并在理念的基础上进行企业视觉识别的设计，包括企业命名或更名、商标和包装的设计等，编印 CIS 设计手册。

（4）实施管理阶段。实施管理阶段主要包括内部传播与员工教育；推行理念与设计系统；组织 CIS 的对外发布；落实企业各部门的 CIS 管理及 CIS 导入效果测试与评估。

CIS 的发表时间对企业有重大的影响，有的在 CIS 确定之后发表，有的在 CIS 实施过程中发表，这些都可以根据企业的具体情况来定。CIS 的发表包括对企业内部发表和对企业外部发表，内外发表顺序有先内后外、先外后内或同时发表等顺序，不同顺序效果不同，企业应视具体情况而定。

# 自我检测

## （一）单选题

1. 营销战略策划包括两个层次的策划（　　　）。
   A. 产品和市场定位策划　　　　　　B. 战略策划和战术策划
   C. 市场定位和市场细分策划　　　　D. 营销策划和促销策划
2. 海尔公司向目标消费者提供"真诚的服务"的市场定位方法属于（　　　）。
   A. 利益定位法　　　　　　　　　　B. 档次定位法
   C. 用途定位法　　　　　　　　　　D. 形状定位法
3. 在春节、中秋节、情人节等节日即将来临的时候，许多商家都大力宣传，以促销自己的产品。他们对市场进行细分的方法是（　　　）。
   A. 地理细分　　　B. 人口细分　　　C. 心理细分　　　D. 行为细分

## （二）多选题

1. 营销战略策划分为 3 个阶段，即（　　　）。
   A. 营销调研　　　　　　　　　　　B. 营销目标设定
   C. 营销战略策划　　　　　　　　　D. 营销计划制定
2. 市场定位策划的内容有（　　　）。
   A. 产品定位策划　　　　　　　　　B. 价格定位策划
   C. 市场定位策划　　　　　　　　　D. 企业定位策划
3. 下列属于企业视觉识别系统要素的有（　　　）。
   A. 办公用品　　　B. 员工制服　　　C. 交通工具　　　D. 企业名称

## （三）简答题

1. 营销战略策划的内容有哪些？
2. 简述市场定位策划的途径与策略。

## 课中实训

### 【背景介绍】

本项实训以营销策划岗位为学习情境,针对房地产行业进行营销策划,特选取碧桂园房地产企业作为案例,为其进行营销战略策划。

碧桂园是一家综合性的商业地产企业,业务范围广泛,主要以商业地产开发为主,同时涵盖物业、酒店开发与管理、装修等业务。碧桂园在房地产领域开创出独具特色与核心竞争力的开发模式。企业实行设计、建筑、物业等一体化开发模式,奉行"过程精品,人居典范"质量方针,为各区域市场提供了大量物超所值的高品质人居产品。其凭借"碧桂园,给您一个五星级的家"的理念享誉国内。

随着房地产行业进入管理红利时代,房地产市场的发展逻辑发生了根本性变化。在"房住不炒、因城施策"的总基调下,国家陆续出台多项房地产调控政策,房地产行业已进入低增长、低利润和低容错的时代。但房地产行业依旧是国民经济压舱石,在政策的作用下,房地产行业逐渐从金融属性转向民生属性,资源将向财务稳健、经营卓越、可持续发展的优秀大企业集中。面对新的经济形势,碧桂园需要进行营销战略策划。

## 实训一　碧桂园年度营销战略策划

### 【实训目的】

通过相关调查进一步了解房地产市场的新发展,了解消费者的需求,分析碧桂园的优势、劣势、机会、威胁。为其设定营销战略目标,提炼战略思想;制定营销战略与策略,并策划具体的行动方案;撰写营销战略策划方案。

#### 任务 1　营销战略策划的流程与内容

**【任务描述】**

营销真正的成功在于对市场的战略性思考。本项任务要求学生熟悉营销战略策划的流程,掌握营销战略策划的内容。

**【任务操作】**

1. 阅读任务单,明确任务内容与任务目标。
2. 阅读背景资料,学习相关理论知识。
3. 根据任务要求,确定所需学习资料,并对小组成员进行合理分工,制订计划。
4. 依据背景资料描述营销战略策划的流程与内容。
5. 总结相关知识与技能,填入任务操练记录单(见表 3-2)。

**【操练记录】**

表 3-2　　　　　　　　　　营销战略策划的流程与内容

| 研究内容 | 研究结果 |
| --- | --- |
| 营销战略策划的流程 | |
| 营销战略策划的内容 | |

### 任务 2　碧桂园年度营销战略策划方案

**【任务描述】**

本项任务要求学生熟悉营销战略策划方案的格式，能够依据背景资料撰写营销战略策划方案。

**【任务操作】**

1. 阅读任务单，明确任务内容与任务目标。
2. 阅读背景资料，学习相关理论知识。
3. 根据任务要求，确定所需学习资料，并对小组成员进行合理分工，制订计划。
4. 依据背景资料撰写营销战略策划方案。
5. 总结相关知识与技能，填入任务操练记录单（见表3-3）。

**【操练记录】**

表 3-3　　　　　　　　　　碧桂园年度营销战略策划方案

| 研究内容 | 研究结果 |
| --- | --- |
| 策划目的 | |
| 营销环境分析 | |
| SWOT 分析 | |
| 营销目标 | |
| 营销战略 | |
| 营销组合策略 | |
| 行动方案 | |
| 费用预算 | |

# 实训二　碧桂园十里银滩项目市场定位策划

## 【实训目的】

通过实训，学生能够熟悉市场定位策划方案的构成、具体内容和格式要求，掌握市场定位策划的程序、方法、技巧，能够依据背景资料进行市场定位策划。

## 【背景资料】

十里银滩是碧桂园集团在深圳东海岸打造的，首个集商业、住宅、旅游配套及五星级酒店为一体的项目。

2020 年末，《中共深圳市委关于制定深圳市国民经济和社会发展第十四个五年规划和二〇三五年远景目标的建议》发布。其中提到，"加快建设深圳都市圈。制定实施深圳都市圈发展规划，以深莞惠大都市区为主中心，以深汕特别合作区、河源都市区、汕尾都市区为副中心，形成中心引领、轴带支撑、圈层联动的发展格局。"深莞惠三市共同跃升为深圳都市圈主中心，惠州因此能级跃升。

十里银滩背依港深世界第三大都会圈，和深圳相距仅仅四十分钟的车程。深汕高速及广惠高速延长线，还有东部沿海高速为其创造了一个半小时的繁荣生活圈。开通的广深港高铁和武广高铁在深圳北站相连，使中南及华南地区迅速连成了一片。

十里银滩聘请了国际知名的物业管理公司来精心照顾住户。物业管理公司还提供个性化的管家式服务，允许住户定制专业的物业管理模式。十里银滩打破了时间和空间的界限，让人们的休闲生活成为常态。

**任务　碧桂园十里银滩项目价值体系梳理与市场定位策划**

**【任务描述】**

本项任务要求学生熟悉房地产项目定位的思考逻辑，明确房地产项目产品定位的核心内容，能够正确梳理项目的价值体系。

**【任务操作】**

1. 阅读任务单，明确任务内容与任务目标。
2. 登录碧桂园官网，阅读背景资料，学习相关理论知识。
3. 根据任务要求，确定所需学习资料，并对小组成员进行合理分工，制订计划。
4. 项目外部价值梳理，包括城市规划、配套价值、地块价值。
5. 项目内部价值梳理，包括品牌价值、产品价值、至美园林、物业价值、社区文化。
6. 将研究结果填入任务操练记录单（见表 3-4 和表 3-5）。

**【操练记录】**

表 3-4　　　　　　　　　　　碧桂园十里银滩项目价值体系

| 研究内容 | | 研究结果 |
|---|---|---|
| 外部价值 | 城市规划 | |
| | 配套价值 | |
| | 地块价值 | |
| 内部价值 | 品牌价值 | |
| | 产品价值 | |
| | 至美园林 | |
| | 物业价值 | |
| | 社区文化 | |

表 3-5　　　　　　　　　　　碧桂园十里银滩项目市场定位策划

| 研究内容 | | 研究结果 |
|---|---|---|
| 项目分析（土地属性开发商需求分析） | 区域机会 | |
| | 产品机会 | |
| | 资源机会 | |
| 竞争市场分析 | 市场机会 1 | |
| | 市场机会 2 | |
| 客户需求分析 | 目标消费群体 | |
| | 客户需求 | |

续表

| 研究内容 | | 研究结果 |
|---|---|---|
| 市场定位分析 | 项目定位 | |
| | 市场定位 | |
| | 产品定位 | |
| | 形象定位 | |

# 实训三　碧桂园 CIS 导入策划

## 【实训目的】

通过实训，学生能深入理解企业 CIS 导入策划的重要意义，初步掌握 CIS 策划的内容、程序步骤和方法，能够完成简要的企业 CIS 策划方案。

### 任务 1　CIS 策划的内容

#### 【任务描述】

根据所学的知识，依据背景资料描述 CIS 策划的内容，同时就碧桂园 CIS 策划提出自己的建议。

#### 【任务操作】

1. 阅读任务单，明确任务内容与任务目标。
2. 阅读背景资料，学习相关理论知识。
3. 根据任务要求，确定所需学习资料，并对小组成员进行合理分工，制订计划。
4. 明确 CIS 策划中 MI 策划的内容。
5. 明确 CIS 策划中 BI 策划的内容。
6. 明确 CIS 策划中 VI 策划的内容。
7. 将研究结果填入任务操练记录单（见表 3-6）。

#### 【操练记录】

表 3-6　　　　　　　　　　　　CIS 策划的内容

| 研究内容 | 研究结果 |
|---|---|
| MI 策划的内容 | |
| BI 策划的内容 | |
| VI 策划的内容 | |
| 结合案例，提出你的建议 | |

### 任务 2　碧桂园 CIS 策划设计

#### 【任务描述】

本项任务要求学生熟悉 CIS 导入策划的步骤，明确 CIS 导入策划的内容；提炼背景企业的核心价值观；提炼背景企业的使命；提炼背景企业的经营宗旨；设计一句反映背景企业理念的宣传口号；设计背景企业的行为目标和员工的行为目标；设计背景企业的 Logo；设计背景企业的吉祥物；设计背景企业 CIS 导入策划方案提纲。

## 【任务操作】

1. 阅读任务单，明确任务内容与任务目标。
2. 阅读背景资料，学习相关理论知识。
3. 根据任务要求，确定所需学习资料，并对小组成员进行合理分工，制订计划。
4. 提炼碧桂园的企业核心价值观。
5. 提炼碧桂园的企业使命。
6. 提炼碧桂园的企业经营宗旨。
7. 设计碧桂园的企业宣传口号。
8. 设计碧桂园的企业行为目标和员工行为目标。
9. 设计碧桂园的企业 Logo。
10. 设计碧桂园的企业吉祥物。
11. 设计碧桂园的企业 CIS 导入策划方案提纲。
12. 将研究结果填入任务操练记录单（见表 3-7）。

## 【操练记录】

表 3-7 　　　　　　　　　　　　碧桂园 CIS 策划设计

| 研究内容 | 研究结果 |
| --- | --- |
| 碧桂园的企业核心价值观 | |
| 碧桂园的企业使命 | |
| 碧桂园的企业经营宗旨 | |
| 碧桂园的企业宣传口号 | |
| 碧桂园的企业行为目标和员工行为目标 | |
| 碧桂园的企业 Logo | |
| 碧桂园的企业吉祥物 | |
| 碧桂园的企业 CIS 导入策划方案提纲 | |

# 课后提升

## 经典案例：家在烟威 心安碧桂园

碧桂园鲁东二部策略团队，以传统返乡置业为节点，大胆重塑品牌形象和调性，为业界带来了全新的沟通方式与内容制造的营销样本。

### 1. 洞察

《2019 返乡置业调查报告》称，"90 后"及"95 后"的返乡置业占比共达到 62.1%，"80 后"占比仅为 20.0%。

报告中的数据似乎颠覆了大家以往对返乡置业人群的认知。随着"90 后"进入成家立业的年龄，购房刚需也逐渐显现，返乡置业的需求也较为强劲。

碧桂园鲁东二部前期通过洞察消费者，描摹准客户的心理，并配合一系列的营销方法将返乡置业的营销节奏成功输出，并且联合烟台、威海等地 12 家楼盘，打响了烟威碧桂园返乡置业亮眼的一炮。

## 2. 起势

烟威碧桂园跳出行业返乡置业的固定套路，推广上以烟威双城为城市阵地，覆盖新媒体及短视频平台，设立矩阵化传播体系。图 3-3 和图 3-4 所示为烟威碧桂园的广告。

图 3-3　碧桂园返乡置业广告

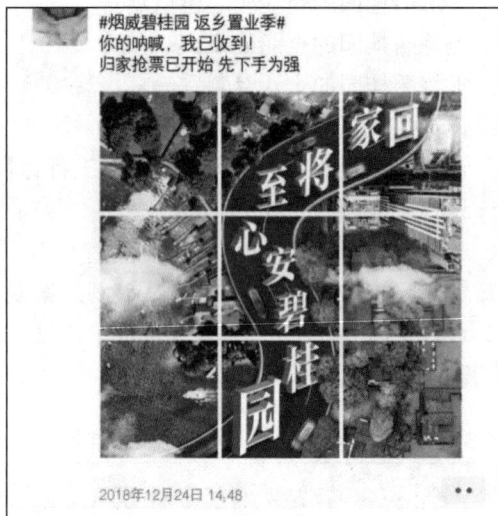

图 3-4　心安碧桂园广告

"家在烟威，心安碧桂园"是贯穿整个推广过程的品牌口号。碧桂园摒弃传统的新年红，VI 采用蓝黄高级色，3D 建模烟威碧桂园，将四大活动植入其中，进行精彩预告，快速形成抢眼的视觉效果，在消费者心智中构成强关联，形成了区隔化的记忆符号。

（1）抢票 H5 小游戏率先引爆。

回家是春节永恒的话题。烟威碧桂园配合第一批春节火车票发售的时间节点，上线趣味 H5 抢票游戏，通过双手操控人物奔跑的高参与度交互体验，营造抢票的紧迫感，进一步牵动游子回家的心。

（2）回家痛点九宫格引发情感共鸣。

刷屏这件事本质是网民情绪的狂欢。具体传递什么信息不重要，重点是你在表达什么样的情绪，能否让观众产生强烈的共鸣。

烟威碧桂园九宫格海报中 9 个痛点对应 9 个解决之道：累了吗？不甘吗？回家！一切都会好！海报图片中一边是拥挤逼仄的城市，一边是田野和海岸，但一条公路穿插其中昭示了回家的美好与惬意。

## 3. 持续输出

返乡置业成功的核心是抓住"情感的突破口+完善的客户体验"。抓住情感的突破口可以让人产生归属感、安全感，产生爱和信任，让企业在消费者内心建立联结。从消费者体验出发，摒弃传统的"甲方思维"，关注消费者本身。

（1）归家专车。

品牌整合推广的形式很多，重要的是如何真正地打动消费者的内心。烟威碧桂园跨界组织 99 辆归家专车，覆盖烟台威海下属的各城市汽车站、火车站、机场，免费接送游子回家，这在业内尚属创新。

在前期的造势海报中，烟台、威海两地独特的地标唤起了久居城市的游子对家乡、对家人、对童年的记忆，同期配合微信创意推文，勾起游子对家乡真挚的情感。

（2）家人的菜暖胃暖心。

在返乡的大潮背后，我们看到了无法回家、坚守岗位的人。我们没有穿梭时空的能力，那就用一道家人的菜让你瞬时回家，图3-5所示为"妈妈大于世界"的广告。

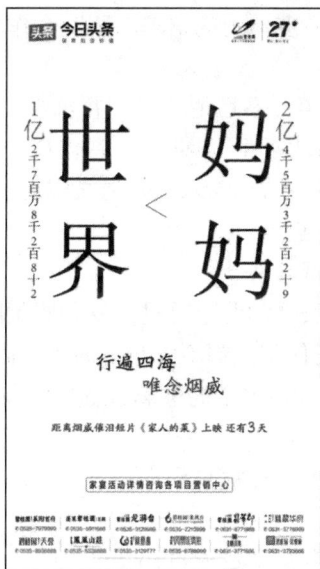

图 3-5　妈妈大于世界的广告

3 支倒计时前宣短视频，以今日头条的数据为背书，讲述了妈妈大于世界、爸爸很靠谱、姥姥的唠叨很动听 3 个观点，分别对应着《家人的菜》短片当中的妈妈、爸爸、姥姥，这暖心的伏笔，得到了大家的喜爱。

**4．线下引爆**

（1）玩乐地图线下持续导流。

线下引流的重点是引发兴趣，例如通过烟威碧桂园的玩乐打卡地图来引发。

春节期间不间断的尽兴体验，让过年玩乐有方。手绘 12 个项目周边的吃喝玩乐地点，这种方式既体现了对城市的致敬与热爱，同时也展示出碧桂园的区位优势。

（2）人才招聘留住你。

"他乡容纳不下灵魂，故乡安置不了肉身。"这句耳熟能详的话，写出了多少漂泊游子的内心。烟威碧桂园新年第一波招聘海报，给了返乡置业客流最后的一击。烟威碧桂园给予游子理想的生活，让漂泊的心在这里有处安放。

此次返乡置业，烟威碧桂园突破传统壁垒，用全新的跨界尝试和营销创意，让"家在烟威，心安碧桂园"的品牌口号深入人心。家，不仅是一个房子的存在，更是心和生活的归所。一直以来，碧桂园为追求美好生活的人造好房子、好社区，其还将继续为全世界创造有温度的美好生活产品。

**案例分析：**

1．描述烟威碧桂园的目标消费者。

2．分析烟威碧桂园返乡置业定位策略。

3. 此案例的营销创意有哪些？如果让你设计营销策划方案，你有什么好的建议？

## 拓展训练 ↓

【游戏名称】泰坦尼克号

【训练目标】创新思维训练、应变能力的培养、团队合作精神培养。

【实施步骤】

1. 教师首先给学生讲一个故事：泰坦尼克号即将沉没，船上的乘客（学生）需在"泰坦尼克号"的音乐结束之前利用仅有的求生工具——7块浮砖，逃离到一个小岛上。

2. 教师指导学生布置游戏场景：将25米的长绳在空地上摆成一个岛屿形状，在岛屿的一边摆4个长凳，用另外的绳子作为起点。

3. 给学生5分钟时间讨论和试验。

4. 出发时，每一个人必须从长凳的背上跨过（就如同从船上的船舷栏杆上跨过），踏上浮砖。在逃离过程中，乘客身体的任何部分都不能与海面（地面）接触。

5. 自离开泰坦尼克号起，乘客在整个的逃离过程中要将每块浮砖踩住，否则此浮砖会被踢掉。

6. 全部人达到小岛，并且所有浮砖被拿到小岛上，游戏才算完成。

【相关讨论】

1. 你们组可以想出什么样的办法来达成目标？

2. 你们的方案是否发生过变化？为什么？

# 项目四

## 产品品牌策划

学习目标 ↓

### 知识目标

1. 熟悉产品营销策划的流程。
2. 掌握新产品开发与推广策划的相关内容。
3. 掌握品牌策划的内容和关键步骤。

### 技能目标

1. 具有产品策划的分析与开发能力。
2. 能进行新产品上市与推广策划。
3. 能进行品牌策划与推广。

### 素养目标

1. 培养学生市场营销核心价值观。
2. 培养学生中国制造与大国工匠精神。
3. 培养学生担当意识和创新精神。

思维导图 ↓

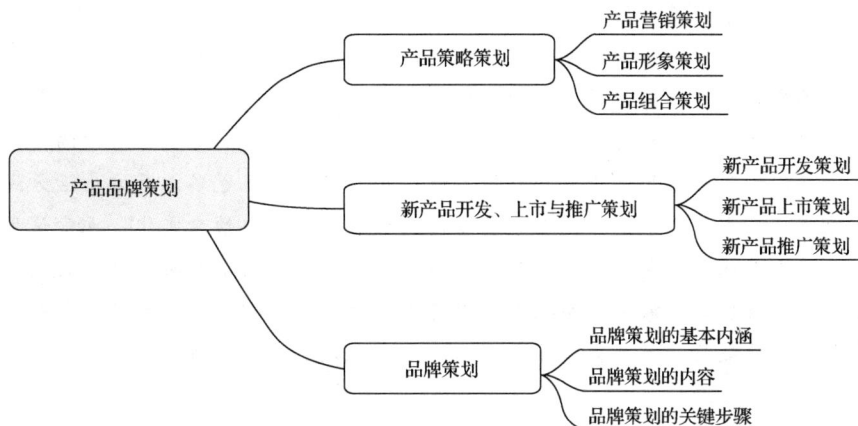

## 📖 案例导入

### 东方山茶油：国风背后的民族品牌

国风广告片亮相央视平台，一众网友好评如潮，道道全的高端食用油品牌东方山茶油正式上市不久，便收获了众多消费者的关注和喜爱。一个初出茅庐的新锐国货品牌，敢于挑战橄榄油在高端食用油市场上的主导地位，东方山茶油的品牌自信来自何处呢？

**1. 国风茶油传递东方美学**

茶油在我国已有2000多年的食用历史，此次走红，与传统美学的回归和东方山茶油的"东方美学"产品设计不无相关。

茶油是我国最古老的木本食用植物油之一，也是国际两大高端木本植物油之一。因其稀有性和营养功效，茶油被称为"皇封御膳"用油。一滴茶油背后折射出的是我国几千年源远流长的饮食文化。

对于这样一款古老而又高贵的食用油，道道全的东方山茶油产品瓶形设计别具匠心，尽显东方神韵。瓶底中间是山的造型，透过晶莹剔透的山茶油，山尽在其中，显现出山的厚实、山的力量；瓶身是茶果成熟时即将绽开的造型，略带磨砂感的果瓣象征着成熟的茶果经历了四季风霜雪雨的自然洗礼，茶果表面则呈现出粗糙感和自然本真色；瓶盖也采用茶果设计，而且是大部分成熟茶果的咖色，与瓶身茶果造型相呼应。

别出心裁的设计令东方山茶油的传统美学气质呼之欲出，却又宛若天成，东方山茶油稳稳挤入了高端食用油市场的前列。

**2. 源自大山的珍稀品质**

除了在产品外形设计上十分考究，东方山茶油的品质也让人非常放心。俗话说得好，吃田不如吃园，吃园不如吃山。与大田作物相比，大山上的食材更加纯净。而茶油的核心产区就在雪峰山、武陵山、武夷山、罗霄山等深山之中，生长于此的山茶树历经从冬起至冬止的滋养，凭借天然独特的环境孕育出营养价值极高的茶籽原料。

经过仔细甄选这些天然原材，东方山茶油选择采用成本更高的纯物理压榨工艺，经过13道生产工序，通过150℃高温炒籽或60℃调质炼制，最终制作出风味浓香茶籽油（热榨茶籽油）和冷榨清香茶籽油（冷榨茶籽油）两款产品，在保证珍稀茶油不被化学物质污染的基础上，最大限度保留茶油的特色。

东方山茶油走红的原因，除了文化上的亲和力和产品上的匠心工艺外，也与其更"适合东方人餐桌"的天然特质密不可分。

茶油富含比橄榄油更丰富的营养价值，也具备烟点高、油烟少的特性，适合热炒、煎炸、凉拌、烘烤、煲汤等各种烹饪方式。茶油中含有丰富的维生素A、维生素E，用茶油进行烹炒或烘烤，能保留食品原有的新鲜滋味，且具有去腥作用，是难得的中式厨房中的美食伴侣。

多年来，我国的高端食用油市场一直被各大外资品牌占据，也多以西方生活方式向中国消费者进行宣传推广。东方山茶油首度在高端食用油领域推广传统饮食文化，也尝试用一瓶纯茶油为民族食用油品牌探寻一条"弯道超车"的新路径，这背后离不开时代赋予的我们日益增长的民族自信，更透露出食用油国产品牌占据市场主导地位的雄心。让本土产品更好，而不是让本土产品更廉价；让更好的产品去服务人，而不是让人改变习惯去适应产品。

讨论：

1. 东方山茶油的上市为什么取得成功？

2. 结合案例分析东方山茶油是如何进行产品策划及定位的？

3. 假如你是东方山茶油的营销策划人员，你有哪些好的建议？

## 课前自学

# 一、产品策略策划

产品是企业营销的物质基础，产品策略是营销组合的首要策略，也是营销策划的重要内容。一个成功的产品策略策划，可以为企业创造无限的商机；一个失败的产品策略策划会使企业陷于困境。所以，企业必须进行科学的产品策略策划。

一项好的产品策略策划，应该包含两个方向的输出：一个方向叫作"产品应该怎么做"，用于产品研发支持，也就是用于产品研发策划；另一个方向叫作"产品应该怎么卖"，用于产品营销支持，也就是用于我们所说的产品营销策划。通过产品营销策划，确保产品定位概念、关键卖点被正确传递给营销部门，以便恰当地塑造产品形象，将产品定位和亮点准确无误地传达给潜在消费者，并促使他们买单。我们这里重点介绍产品营销策划。

## （一）产品营销策划

产品营销策划的流程主要包括分析产品整体概念、找出核心消费者、进行市场定位和提炼产品卖点四大步骤，如图 4-1 所示。

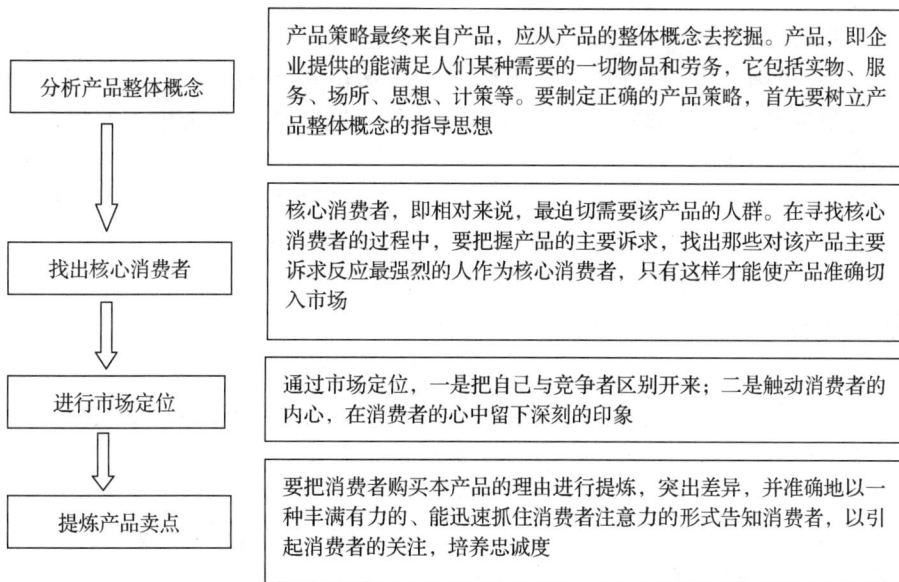

| 分析产品整体概念 | 产品策略最终来自产品，应从产品的整体概念去挖掘。产品，即企业提供的能满足人们某种需要的一切物品和劳务，它包括实物、服务、场所、思想、计策等。要制定正确的产品策略，首先要树立产品整体概念的指导思想 |
|---|---|
| 找出核心消费者 | 核心消费者，即相对来说，最迫切需要该产品的人群。在寻找核心消费者的过程中，要把握产品的主要诉求，找出那些对该产品主要诉求反应最强烈的人作为核心消费者，只有这样才能使产品准确切入市场 |
| 进行市场定位 | 通过市场定位，一是把自己与竞争者区别开来；二是触动消费者的内心，在消费者的心中留下深刻的印象 |
| 提炼产品卖点 | 要把消费者购买本产品的理由进行提炼，突出差异，并准确地以一种丰满有力的、能迅速抓住消费者注意力的形式告知消费者，以引起消费者的关注，培养忠诚度 |

图 4-1　产品营销策划的流程

### 1. 分析产品的整体概念

产品是企业营销的物质基础，要制定正确的产品策略，首先要树立产品整体概念的指导思想。这里所讲的产品不是一个狭义的概念，而是广义的，凡是能够满足消费者需要的一切有形的物体和无形的利益都是属于产品的范畴，如实物、服务、场所、思想、计策等都属于产品。

一个完整的产品概念应包括核心产品、形式产品和附加产品 3 个层次。

① 核心产品。核心产品是指向消费者提供的、能给消费者带来实际利益的产品。

② 形式产品。形式产品是满足消费者需要的各种具体形式，包括产品的形状、式样、商标、质量、包装、设计、风格、色调等。

③ 附加产品。附加产品是消费者在购买有形产品时获得的各种附加服务或利益的总和。

#### 营销视野

里吉斯·麦克纳（Regis McKenna）被誉为"技术梦想家"。他于 1970 年在硅谷创立了自己的高科技营销公司——里吉斯·麦克纳营销顾问公司。他认为，市场营销和创新形影相伴。一个人要敢于尝试、勇担风险并富于创造，因为没有现成的模式或案例可以效仿。

例如，新技术创造了新市场，也创造了一种新的市场语言，市场具有依赖于产品的本质特征，往往需要新一代的用户来采用新的产品。随着互联网的发展，旧有的市场营销传播模式已经被网络所替代。技术的出现和客户采用发生得太快，所以对营销进行新的界定很重要——市场营销是动态、实时、稳定地保持联系、回复和采纳的过程。对于那些在市场营销界摸爬滚打、追求卓越的人，他的忠告是：不断地提问；不要停止去寻找更好、更有创造性、更有效的方式来帮助企业或发展客户关系。

### 2. 找出核心消费者

核心消费者，即相对来说，最迫切需要该产品的人群。在寻找核心消费者的过程中，要把握住产品的主要诉求，找出那些对该产品主要诉求反应最强烈的人作为核心消费者，只有这样才能使产品准确切入市场。

做一款产品，要了解用户是谁，他们有哪些特点、有哪些喜好。了解用户群体的年龄、性别、职业、收入水平、受教育水平、性格特征、消费偏好等众多因素，这一环节为用户画像，有助于锁定目标群体。

### 3. 产品定位

定位就是确定产品的竞争地位，确定产品在消费者心目中的地位，从而占领消费者的心智。产品定位是产品策划工作的核心战略及任务。通过产品定位，一是把自己与竞争者区别开来；二是触动消费者的内心，在消费者的心中留下深刻的印象。

产品定位首先要进行定位分析，挖掘产品的核心价值，了解产品带给消费者的真正利益，同时做好消费者需求分析和竞品分析。产品定位策划的关键点就在于熟知消费者与竞争者。定位制造差异，定位创造竞争优势。

产品定位应尽量精练，要用简洁的语言描述产品定位。

**营销案例**

　　凯迪拉克的几款产品，用非常清晰明确的方式给出了本身的定位，并且同时给出了品牌口号，堪称产品策划和营销传播相结合的典范。

　　以凯迪拉克 XT4 为例，凯迪拉克对它的定位是新美式运动 SUV。

　　字虽不多，信息量却不少。首先是所谓的新美式，这是凯迪拉克最近在着力宣传的新美式豪华价值观在产品层面上的直观体现。

　　"运动"一词说明本产品属于运动风格，突出动力属于操控属性，外观也有运动风格。

　　"SUV"很好理解，其是一款 SUV 产品。

　　连起来看，凯迪拉克对于 XT4 的定位：一款具备新美式豪华设计风格，具有运动性能的豪华型 SUV。

　　凯迪拉克 XT4 选择了 3 个 USP：夺目设计、风驰动力、智趣科技。

#### 4．提炼产品卖点

　　要把消费者购买本产品的理由进行提炼，突出差异，并准确地以一种有力的、能迅速抓住消费者注意力的形式告知消费者，以引起消费者的关注，培养忠诚度。

　　（1）什么是产品卖点。在市场部经常会提到 USP 这个词。所谓 USP，就是 Unique Selling Proposition 的缩写，意为独特的销售主张，通常称之为卖点。提炼产品的卖点，要洞察消费者的需求，给消费者一个明确的购买理由；卖点要集中，要直击消费者痛点。例如，元气森林提炼产品卖点时，首先洞察到人们想喝饮料，但怕胖、怕不健康，这就是消费者的痛点；而购买它的理由也很简单，即"零糖零脂零卡路里"。产品的卖点很多，但是要筛选消费者最关心的卖点、能够直接刺激其成交的卖点。

　　（2）提炼产品卖点的三大途径。

　　① 围绕产品层面提炼核心卖点。首先，从产品的核心概念、从产品本身的优势出发提炼核心卖点，这种策略主要建立在产品的与众不同上，强调实效的承诺。例如，在牙膏主打防蛀美白的时候，云南白药牙膏以"口腔健康"为卖点，直击消费者内心。其次，从产品机理角度提炼卖点，这种卖点主要围绕产品的作用、机理，提出区别于竞争对手的销售主张。

　　② 从品牌层面提炼核心卖点。其思考的出发点不再是针对产品本身，而是上升到品牌的高度，揭示一个品牌的精髓和核心价值，并通过强有力的、有说服力的手段来证明它的独特性。从品牌出发，可以采取多种表现手段和表现元素，如情感、意象、情绪、感受等。例如，农夫果园"喝前摇一摇"的定位就突破了功能饮料"营养健康"等传统诉求，将卖点定位在喝前摇一摇上，一方面暗示了"有多种水果在里面"的产品特点，另一方面将人们喝农夫果园时的轻松、快乐的情绪完整地表现了出来。再例如，奥利奥的"扭一扭、舔一舔、泡一泡"，趣多多的"一定吃到逗"，都是如此。

　　③ 从社会观念里寻找核心卖点。观念涉及的主题可以是情结、人生、健康、运动、爱情、生活方式等。例如，东鹏饮料"年轻就要醒着拼"。

　　总之，产品没有竞争力是因为产品的卖点太过于普通，以产品的基础功能作为卖点，很容易被同行复制，没有什么竞争力。如果企业想要实现突围，就要打造高于竞争对手一个层次的核心卖点。

## （二）产品形象策划

　　产品形象策划（Product Identity System，PIS）是在 CIS 基础上建立起来的一套具有市场针对性的形象系统，更适合在我国市场运作。相对于 CIS 来讲，如果将 CIS 比作一艘航母，那么 PIS 是一艘鱼雷快艇，更加高效、灵活，同时用于检测和评估也更直观，有利于企业的战略调整和投入控制。

### 1. 产品形象策划的内容

产品形象策划具有一体化的整体战略模式，一般包括产品文化内涵定位、产品卖点定位、包装色彩定位、包装主体元素制定及设计、印刷工艺制定及成本测算、终端系列展示及设计、包装形式分类制定、产品视觉形象设计、广告及媒体的传播视觉设计、试销期产品跟踪测试及年度评估。

### 2. 产品形象策划的应用

产品一旦被赋予一种文化，那么消费者购买的就不再是一件单纯的产品，而是一种感受。PIS 重要的工作就是让消费者去产生这种感受，从而获得有形的产品和无形的感受，并在每次看到这件产品时，产生一定的情感联想。这里的联想是指对产品的联想，而非对企业形象的联想。抛开企业形象的背书支持，即使针对产品，依然有购买的理由，这就是 PIS 的核心价值。

**📖 营销案例**

#### 公牛插座，凭什么这么牛

2021 年，公牛实现营业收入 124.22 亿元，同比增长 23.59%。在一个技术不高的制造领域，以及一个行业体量不大的市场，它缔造了高市场占有率的"公牛神话"。

质量和安全是公牛创业的初衷，公牛插座以结构设计为突破口，以"用不坏"为目标，专注品质，克服了插座使用过程中常见的松动、接触不良和非正常发热等问题。公牛成立了课题组，专门研究产品使用的方便性、安全性和可靠性，还建立了产品设计中心、电子设计中心和工程工艺中心。大到插头、电线、外壳和开关，小到内部铜片甚至螺丝，每一个公牛插座，都要经过 27 道全方位安全设计。公牛产品一问世，就广受欢迎，虽然价格比同类产品贵，但使用安全、质量有保证，公牛逐渐在消费者中建立了口碑。

公牛在每一家卖公牛插座的店面广告牌上打上公牛的标志，而卖插座的店大多为五金店。因此，公牛积极抢占全国各地五金店，免费安装带有公牛标志的广告牌，打造"有公牛的地方就有五金店，有五金店的地方就有公牛"。

每个产品的独特的销售主张向来受市场人重视。其实就 PIS 来讲，USP 只是 PIS 体系的一部分，产品需要有针对性的卖点，而这种卖点不仅可以考虑产品本身的技术含量、企业背景、人群定位，还可以考虑包装方式、色彩、卖场地点等方面。当下产品同质化日益加重，拉开差距才是方法。这种差距的拉开并非是在一个维度上展开，而是从横向和纵向上深层挖掘。

## （三）产品组合策划

产品组合策划是指对企业生产或经营的全部产品的有机构成方式进行谋划。分析产品组合，既包括对企业每一项产品所处的市场地位及其在企业经营中的重要程度的分析，也包括对各个不同产品项目的相互关系和组合方式的分析。分析产品组合的主要目的在于弄清在不断变化的市场营销环境中企业现有的产品组合与企业的总体战略、营销策略的要求是否一致，并根据内、外部环境的要求对现有的产品组合进行调整。

## 1. 产品组合策划的程序

产品组合策划是企业营销策划的一项重要内容。产品组合策划要求策划人员在对企业内、外营销环境进行细致的调查、分析，并在有效利用企业各种资源的基础上，提出在一段时期内企业的产品组合方案，依此来实施企业的产品组合策略。整个产品组合策划可以通过以下步骤进行。

（1）资料搜集和分析。在产品组合策划中，市场环境分析是极其重要的。产品组合策划的第一步就是要搜集有关市场环境、行业环境、竞争对手和企业自身状况的资料，为市场环境分析提供客观详尽的材料。

（2）产品组合方案的设计。企业可以根据市场产品需求的特点、竞争者的产品组合策略，针对具体的目标消费者的具体需求进行产品组合的设计。在设计产品组合方案时，应围绕产品组合策略的 3 个层次进行：一是产品项目的增加、修改或剔除；二是产品线的扩展、填充或删除；三是产品组合的增设、加强、简化或淘汰。

（3）方案论证与评价。对方案的结果要进行适当的论证与评价。要将讨论的预备方案拿到企业去征求意见，进行评定。根据评定意见再讨论方案，重新进行修改，最终保证所涉及的方案既符合实际，又体现个性、具有创意，能够引起消费者注意。

（4）方案反馈与调整。产品组合方案在实施中需要根据反馈不断调整。企业要根据不断变化的营销环境对方案进行反馈，做出适时的调整，以确保方案的可靠性。

## 2. 产品组合策划的主要内容

产品组合由不同的产品品类（产品线）构成，这影响产品组合的宽度；产品品类由具体的产品项目构成，这影响产品组合的深度。产品组合策划主要包括产品组合宽度的策划、产品组合深度的策划和产品组合关联性的策划。

### 📖营销案例

#### 养元智汇的产品组合

养元智汇除六个核桃外，还推出过大量核桃乳新品。养元智汇的核桃乳产品包括养元精选型六个核桃核桃乳、养元精研型六个核桃核桃乳、养元无糖六个核桃核桃乳等 14 款产品。核桃杏仁露、核桃花生露、果仁露、杏仁露、核桃奶产品有 8 款，其中核桃奶产品是养元智汇在 2015 年首次推出的产品，包括养元核桃奶复合蛋白饮料、养元精选型核桃奶复合蛋白饮料两款产品。

（1）产品组合宽度的策划。企业进行产品组合宽度策划时应注意以下 3 个方面。

- 企业经营特色。每一个企业由于自身资源条件的限制，应在市场细分的基础上，突出企业的经营特色，明确企业的主营业务，吸引消费者。
- 企业所处的市场环境。不同企业由于其所处市场环境与目标市场不完全一致，在产品品类策划时应充分考虑这些方面的因素。
- 企业资源条件。不同企业资源条件不同，在产品品类策划时应充分考虑内部资源对企业生产经营的影响。

（2）产品组合深度的策划。产品组合深度策划是对企业经营的产品项目的构成进行选择。根据目标市场的需要和企业经营资源条件的不同，企业产品项目策划是不同的。

（3）产品组合关联性的策划。产品组合关联性策划主要考虑的因素包括最终用途、生产经营条件、目标市场、销售方式等。良好的产品组合宽度策划，有助于企业合理地扩展其产品组合的广度，实行多角化经营，可以更好地发挥企业潜在的技术、资源优势，提高经济效益，并可以分散企业的投资风险；合理确定产品组合的深度，有助于企业占领同类产品的更多细分市场，满足更广泛的市场需求；加强产品组合的相关性，则有助于企业在某一特定的市场领域内加强竞争力和赢得良好的声誉。

### 3. 运用波士顿矩阵进行产品组合的设计

对于一个拥有复杂产品系列的企业来说，一般影响产品结构的基本因素有两个：市场引力与企业实力。市场引力包括企业销售量（额）增长率、目标市场容量、竞争对手实力及利润率等。其中主要反映市场引力的综合指标——销售量（额）增长率，这是影响企业产品结构的外在因素。企业实力包括市场占有率和技术、设备、资金利用能力等，其中市场占有率是影响企业产品结构的内在因素，它直接显示出企业竞争实力。

以上两个因素相互作用，会出现4种不同性质的产品类型，形成不同的产品发展前景：销售增长率和市场占有率双高的产品群（明星类产品）；销售增长率和市场占有率双低的产品群（瘦狗类产品）；销售增长率高、市场占有率低的产品群（问题类产品）；销售增长率低、市场占有率高的产品群（现金牛类产品）。4种产品类型如图4-2所示。

在波士顿矩阵分析方法的应用中，企业经营者的任务是通过四象限法的分析，掌握产品结构的现状及预测未来市场的变化，进而有效地、合理地分配企业经营资源。

对于企业来说，如果能同时具有问题类产品、明星类产品和现金牛类产品，就有希望保持企业当前利润和长远利润的稳定，形成合理的产品结构，维持资金平衡。

在产品结构调整中，对于瘦狗类产品，企业经营者应考虑如何撤退。对于现金牛类产品，企业经营者应考虑如何使产品造成的损失最小而收益最大。

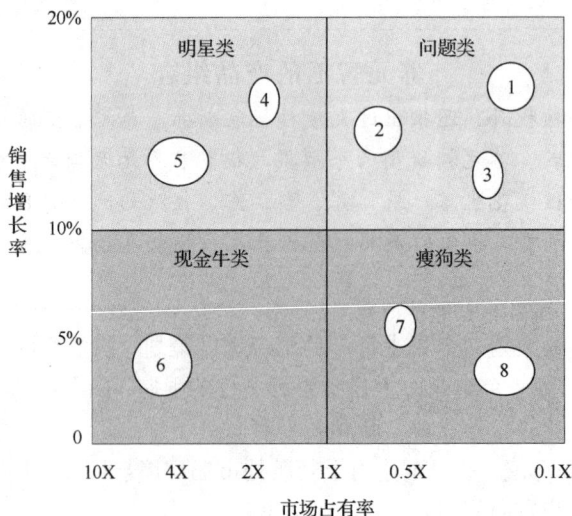

图4-2 4种产品类型

## 二、新产品开发、上市与推广策划

创新是企业成功的关键，开发创新是企业赢得成功的首要策略。寻找能为企业的长远发展奠定基础、增强获利能力的新产品，不断提出新产品的开发创意是营销策划工作的主要任务之一。

## （一）新产品开发策划

从营销的角度看，新产品是指在某个市场上首次出现的或者是企业首次向市场提供的能满足某种消费需求的产品。只要产品整体概念中具有创新、变革因素，都算是新产品。

新产品开发策划是指对企业开发新产品以适应消费者需求的市场开发过程进行谋划。

### 1. 新产品开发的成功率和失败原因

新产品开发是一项复杂又极具风险的工作，它直接关系到企业经营的情况。

通常，新产品开发的成功率平均为：每 7 个新理念中，有一个获得成功；每 4 个开发项目中，只有一个成为商业上的成功者；即使在完成阶段（完成了所有测试，审查计划每一步之后），每 3 个项目中还会有一个在商业操作上失败。

新产品开发失败的原因有：市场调研不充分（24%）；产品问题和缺陷（16%）；缺乏有效的营销活动（14%）；成本高，超出预期（10%）；缺乏竞争优势（9%）；引进时机不恰当（8%）；技术和其他生产问题（6%）；其他原因（13%）。

### 2. 新产品开发流程

为了提高新产品开发的经济效益，应按照一定的科学程序来进行新产品开发。新产品开发的主要流程是进行产品构思—筛选构思方案—建立产品概念—进行商业分析—开发研制—市场试销—正式上市，如图 4-3 所示。

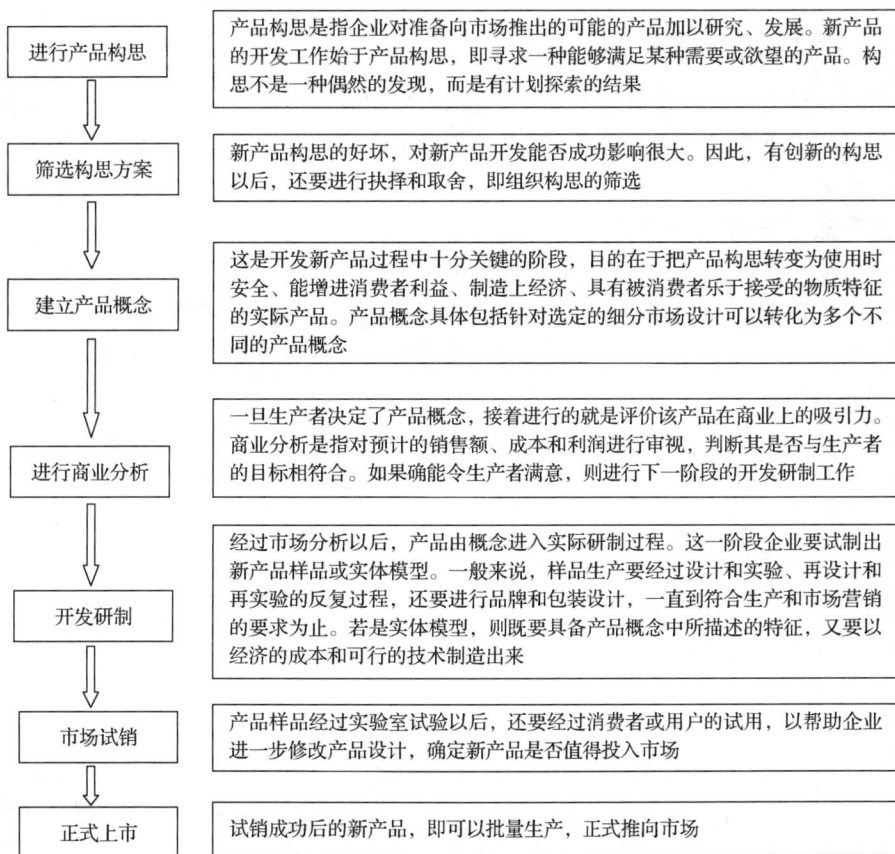

| 进行产品构思 | 产品构思是指企业对准备向市场推出的可能的产品加以研究、发展。新产品的开发工作始于产品构思，即寻求一种能够满足某种需要或欲望的产品。构思不是一种偶然的发现，而是有计划探索的结果 |
| :---: | :--- |
| 筛选构思方案 | 新产品构思的好坏，对新产品开发能否成功影响很大。因此，有创新的构思以后，还要进行抉择和取舍，即组织构思的筛选 |
| 建立产品概念 | 这是开发新产品过程中十分关键的阶段，目的在于把产品构思转变为使用时安全、能增进消费者利益、制造上经济、具有被消费者乐于接受的物质特征的实际产品。产品概念具体包括针对选定的细分市场设计可以转化为多个不同的产品概念 |
| 进行商业分析 | 一旦生产者决定了产品概念，接着进行的就是评价该产品在商业上的吸引力。商业分析是指对预计的销售额、成本和利润进行审视，判断其是否与生产者的目标相符合。如果确能令生产者满意，则进行下一阶段的开发研制工作 |
| 开发研制 | 经过市场分析以后，产品由概念进入实际研制过程。这一阶段企业要试制出新产品样品或实体模型。一般来说，样品生产要经过设计和实验、再设计和再实验的反复过程，还要进行品牌和包装设计，一直到符合生产和市场营销的要求为止。若是实体模型，则既要具备产品概念中所描述的特征，又要以经济的成本和可行的技术制造出来 |
| 市场试销 | 产品样品经过实验室试验以后，还要经过消费者或用户的试用，以帮助企业进一步修改产品设计，确定新产品是否值得投入市场 |
| 正式上市 | 试销成功后的新产品，即可以批量生产，正式推向市场 |

图 4-3 新产品开发流程

新产品开发这一典型流程提示我们，新产品开发的创意与策划过程应该从产品构思开始，经评价筛选变成初步的方案，再经过不断的检测，最后变成正式的方案。至于是否成功，企业还需在上市时间、上市地点、上市目标等方面做出精心的营销策划。

### 议一议

1. 你认为新产品成功开发的关键条件是什么？
2. 请你说说新产品开发的一般流程。

### 营销案例

#### 蒙牛冰激凌

蒙牛在对冰激凌的构思中，想到了各种各样的结果。例如，对"孩子喜欢什么样的冰激凌"这一问题，其想到的答案就包括多个方面。

① 酸？甜？单色？多色？……

② 随心所欲、想变就变。

③ 儿童！小学生！

④ 蒙牛"随便"冰激凌。

⑤ 广告、促销、渠道……

## （二）新产品上市策划

新产品是一个企业发展的动力，新产品进入市场的成败，往往会对一个企业产生相当重要的影响。新产品上市策划，首先要通过调查分析确定上市时间、上市地点和目标消费者，然后有针对性地采取营销策略。

### 1. 新产品上市时间的选择

综观企业成功的新产品上市经验，把握上市时间十分重要。以下 3 种类型值得借鉴。

（1）先于竞争者上市。先于竞争者上市是指早于竞争者将新产品研制出来，然后立即上市。其特点是同类产品的竞争者很少或几乎没有，或潜在竞争对手的条件尚未成熟。例如，吉列公司发明的剃须刀产品。

（2）同于竞争者上市。同于竞争者上市是指市场一有变化，企业就闻风而动，与竞争者同时开发同一新产品。由于各方面条件水平相当，多个企业很可能同时完成一项产品的构思、试制、上市。其特点是共同承担风险，共享利润成果。

（3）迟于竞争者上市。迟于竞争者上市是指虽然新产品已经成型，但决策者却迟迟不将其公之于众，他们期待着更详尽的调查和更高的接受率，同时尽量避免上市失败给企业带来损失，这样就将风险转嫁给了竞争对手。如果产品销路好就立即推出，如果产品销路不好就立即退出。这种方法，即所谓的"后发制人"。

### 2. 新产品上市地点的选择

新产品上市的地点即推出新产品的地域，如在当地或异地、一个地区或几个区域等。一般资金雄厚、人力充足的企业会撒开大网，向整个地区推出以巩固成果，而中小型企业很少能拥有大范围的销售网络，销售网络铺得太大会造成力量分散，因此应从某个地区入手，边巩固成果边向其他地区扩展。

麦当劳公司最初进入中国时，首先选中北京安营扎寨，接着买下了王府井路口的寸土寸金之地兴建大规模的快餐厅。其以后的兴旺发达，就说明了上市地点选择的正确性。

### 3. 新产品上市目标消费者的确定

产品的最终享用者是消费者，因年龄、性格、性别的不同，他们的购买需求也不相同。企业只有选准目标消费者，并根据他们的特点制定方针和对策，方能有的放矢。否则，过于大众化的产品易受冷落。例如，化妆品以女士为主要对象，玩具以幼儿和青少年为中心，选错目标消费者就会适得其反。

## （三）新产品推广策划

新产品进入市场后，会马上面临着消费者的考验，即新产品被消费者接受、怀疑或者拒绝。营销策划人员应采用一定的措施进行新产品推广。新产品推广就是选择合适的场所或媒体针对合适的人群开展形式多样的、合适的宣传，让这些人群对新产品产生好感，达成感性消费。新产品推广的主要作用就是通过广告促销等形式、手段，建立产品知名度、美誉度，引导消费者首次购买和重复购买。

### 1. 新产品推广策略

新产品推广策略包含两个方面：一是市场推广的前期准备；二是市场推广的实施。

（1）市场推广的前期准备。新产品市场推广要想获得成功，应建立在严密的市场调查的基础之上，根据市场调查分析报告提炼出新产品独特的卖点，紧接着进行细致的营销策略规划。

• 调查市场。调查目前市场上同档次主要竞品有哪些，主要消费人群是谁，目前总体市场表现怎样。

• 提炼新产品 USP。根据调查分析结果，进一步修正并提炼有针对性的新产品 USP，从形式到广告语全面完善 USP 系统，包括产品包装设计、广宣品设计、广告片设计等。这一环节直接影响着新产品上市的市场接受程度。

• 做好新产品营销策略规划。营销策略规划包括产品策略、价格策略、分销渠道策略、促销策划、组织策略等。同时，准确判断目标消费者，根据消费者对产品的反应，选择创新采用者和早期采用者将其作为投入目标，合理确定投放时间，准确决定投放地区。

（2）市场推广的实施。市场推广的实施包括终端销售氛围的营造、媒体宣传告知、促销推广活动、人员组织管理。

• 终端销售氛围的营造。终端销售氛围的营造，目的在于强化产品品牌形象在目标消费者心中的印象。终端销售氛围的营造主要包括产品规范陈列和终端形象包装，应尽量使产品对目标消费者形成震撼的视觉冲击，留下难以忘怀的深刻印象。企业首先要充分挖掘和利用现有的一切资源，包括助销品；再运用良好的客情关系，包括经销商、终端门店，为终端销售氛围的营造打下坚实的基础。

• 媒体宣传告知。媒体宣传告知除了传统的电视广告、报纸广告、广播广告外，还有更多的表现形式，如路演、软文、传单、邮报、手写海报、店内广播、门店显示屏等。在互联网时代，除了利用传统的推广渠道，新产品推广更多地采用网络推广、新媒体推广等方式，如借助百度百科，利用好新闻媒体投入，做好相关产品在各个网站的问答口碑，同时利用好自媒体运营推广，将产品的宣传渠道最大化。无论采用传统媒体还是新媒体进行宣传，在媒体宣传告知上都要避免资源投入的浪费或不到位。因此，首先要考虑市场实际状况，权衡自身产品与竞品在市场表现上的差距大小；其次结合企业投入力度，拟定阶段性的媒体宣传实施方案，即铺垫期、启动期、高潮期、收尾期各自的宣传实施方案。

- 促销推广活动。促销推广活动要有一个推广主题，这是整个促销推广活动的灵魂。从目标消费者心里挖掘富有煽动性的促销推广活动主题，以此主题为整个促销推广活动的核心，整合各种营销要素，在终端与消费者形成互动的氛围，最大限度地拉近消费者与产品、企业的心理距离，吸引一批稳定的忠诚消费者。开展促销推广活动还要选择合适的推广方式。针对终端消费者的促销推广方式，包括赠送促销、折价促销、包装促销、抽奖促销、现场路演，以及参与促销如技能竞赛和知识竞赛等；针对代理商的促销推广方式，如批发回扣、推广津贴、销售竞赛、工商联营、交易会、博览会等。

- 人员组织管理。新产品市场推广活动的执行效果关键在于组织的执行力，因此需要事先成立新产品市场推广活动的组织并明确人员职责分工，通过培训和监控来确保整个新产品市场推广活动顺利开展。

### 2. 新产品推广方式

新产品推广方式有哪些？新产品传统的推广渠道主要包括广告宣传、"铺货+促销"、新产品推广发布会。在互联网时代，新产品推广除了利用传统的推广渠道，更多地可采用网络推广、新媒体推广等方式，如软文推广、搜索引擎营销推广、问答平台推广、直播营销推广等。

（1）广告宣传。新产品推广的第一步就是广告宣传。广告的形式多种多样，选择广告媒体要考虑资金预算，还要考虑消费群体的生活习惯，尽可能选择迎合该产品主要消费群体的方式。例如，主要消费群体是有车一族，那么可以选择加油站广告、路牌广告等。

（2）"铺货+促销"。新产品推广，仅靠两三个业务员是不够的，如何调动经销商特别是终端铺货人员的积极性，对于新产品推广具有重大的推动作用。所以，新产品推广常用的另一种方式就是"铺货+促销"。铺货，也就是构建新产品的销售网点。售点开发是新产品推广非常关键的一步，售点开发得越广越细，消费者与产品接触的机会便越多。"铺货+促销"是把大众产品摆在消费者面前（铺货），辅之以价格优惠（促销）。有人说，这是过去传统的观念，"铺货+促销"这种新产品推广方式已经过时了，其实也不尽然。要因产品而异、因地制宜，不同的新产品，其推广方式是不一样的。如快消品，"铺货+促销"仍然是快消新产品推广中一种非常重要的推广方式，这是因为电商不可能取代大量的零售门店。

（3）新产品推广发布会。新产品推广发布会是通过集中的产品展示和示范，配之以多种传播媒介的复合式传播形式，集中宣传本企业新产品的活动。

新产品推广发布会的常规形式是由某一商界单位或几个有关的商界单位出面，将有关的客户或者潜在客户邀请到一起，在特定的时间、特定的地点举行一次会议，宣布新产品。举办新产品推广发布会既可以提高知名度、展现企业实力，还有助于提升品牌形象。新产品推广发布会往往会邀请许多媒体到场，通常情况下，企业会把更多的精力放在新产品推广发布会的筹备上以求尽善尽美，所以媒体邀约方面都会有专业的媒体邀约机构代为操作。

（4）软文推广。在这个内容为王的时代，软文营销已成为新产品首选的推广手段之一。软文推广性价比高、效果明显且成本较低。质量越高的软文越容易达到推广的目的。当软文出现在一些流量大的网站上时，就有助于企业轻松地推销新产品，较快地让客户对新产品产生信赖，并且有助于以文字和口头形式迅速传播，吸引更多的客户。

要注意的关键点是，如果我们想让软文发挥更显著的推广效果，就要持续跟进。软文推广绝对不是写几篇软文发发就可以了，我们需要不间断地发布软文，在旧的软文的推广效果消失前，及时推出另一篇软文保持效果。要做到这一点，我们需要在早期阶段就准备好软文，并且从内容到发布都要事先进行规划，这样才能达到较为理想的推广效果。

（5）搜索引擎营销推广。通过搜索引擎推广新产品的方式，主要分为搜索引擎优化（Search Engine Optimization，SEO）和搜索引擎营销（Search Engine Marketing，SEM）。

SEO 主要是优化官网的内容，利用搜索引擎规则，使用站内、站外优化手段不断提高企业网站在搜索引擎中的排名，使得企业网站获得免费流量和目标用户。这种方法的价格低廉，效果也较稳定。另外网站的主页应该简洁大方，让进入网站的用户对网站有一个良好的第一印象，这样其才会有兴趣继续了解产品。

SEM 是指依托于搜索引擎平台而进行的一种网络营销推广。搜索引擎营销是让用户搜索相关关键词，并点击搜索引擎上的关键词链接进入网站进一步了解他们所需要的产品信息，然后实现成交的目的。竞价排名效果快，费用越高者排名越靠前。竞价做得好能为企业新产品带来大量的流量和目标用户，预算充足的企业可以优先考虑这一方式。

（6）问答平台推广。问答营销是互动营销基于第三方口碑而创建的网络推广方式之一，这既能与用户产生互动，又能植入产品广告，是新产品建立口碑的快捷方法之一，并且成本低廉。问答营销的真谛在于把用户关心的问题搬到网上，让他们可以轻易找到自己关心的问题的答案，从而加深对新产品的了解和认识，进而能够认可新产品并产生购买行为。但我们在做问答营销时，植入广告不能过于直白，植入的量和度要把握好。常见的问答类平台有百度知道、悟空问答、知乎问答等。

（7）直播营销推广。现在短视频越来越火热，抖音、快手、微视、美拍、一直播等视频直播平台一片火热，直播营销也越来越受到商家的重视，成为产品品牌运营推广中的利器。中国互联网络信息中心数据显示：截至 2022 年 6 月，网络直播用户规模占网民总数的 68.1%，其中以"90 后"为主的年轻"宅文化"群体是直播平台巨大的流量来源。企业利用直播平台进行新产品营销推广，就要从年轻化、趣味化、热点化出发，做好直播内容的策划。优质的直播内容是吸引观众看直播的关键因素，有创意的直播内容是直播视频获取有效流量的关键。

### 3. 新产品推广文案的撰写

新产品的推广需要一套系统化的策划方案，合理规划整体的推广流程，不能摸着石头过河。

（1）拟定新产品上市推广方案的三大步骤。

- 产品定位分析。正确的产品定位，是成功完成产品推广的前提。制订产品推广计划，要对产品的卖点、定价、目标市场、受众人群等做一个详细的分析。产品功效可以遵循"我们的产品特色是_____，在用户_____的情况下，可以帮助用户解决_____问题"的原则，提炼出产品功效、产品卖点。

- 用户肖像及受众分析。用户肖像及受众分析包括用户的年龄、性别、兴趣爱好，这是我们分析受众最主要的 3 个维度。

- 媒体、推广渠道及促销的选择。对于一个新产品来说，分销通路是一个非常关键的环节。新产品推广之前应构建完善的销售渠道和服务体系，同时，还要进行有效的广告宣传，得到消费者的认同才是真正的上市。有些厂家推广新产品仅仅是把新产品铺向销售渠道，而在广告和宣传方面没有任何配合和支持，这是进入了一个新产品上市的误区。所谓的上市不是把新产品放到市场上，而是要让市场接受并认可这个新产品。只有从线上网络渠道的宣传到线下活动和电视、报纸的广告相配合，开展一系列的促销活动，打出新品推广的组合拳，才更有利于新产品的成功上市。

（2）新产品上市推广方案的构成。一份完善的新产品上市推广方案大致包含前言、市场背景及 SWOT 分析、新产品描述及核心利益分析、新产品上市进度规划、铺货进度计划、新产品推广策略、新产品媒介策略、费用预算、意外防范、推广效果预估。

- 前言。前言，即对策划背景、策划内容的高度概括性表达，起到导读的作用。其具体包括以下内容：本次策划涉及的新产品及其特征、新产品上市的目的分析。注意字数应控制在 500 字以内，客观真实地描述策划背景和策划目的。

- 市场背景及 SWOT 分析。其主要包括品类市场的总体趋势分析、消费者分析、竞争分析和 SWOT 分析。总体趋势分析主要包括宏观环境预测、行业预测及该品类市场的销量预测。消费群体分析是指对主要目标消费者、消费习惯、消费频次、消费场景、消费价格等进行描述和分析。竞品分析是指对主要的竞争对手、竞争环境、市场趋势、品类趋势等进行分析。SWOT 分析是综合企业内外部环境的分析。

- 新产品描述及核心利益分析。新产品描述主要包括产品规格、产品价格体系、产品卖点、产品核心技术、产品价值等。

- 新产品上市进度规划。制定新产品上市计划表，明确各部门的分工及时间节点；制定新产品上市关键考核指标，明确新产品成功的关键要素。

- 铺货进度计划。铺货进度计划包括整体时间设计、方案拟定阶段、客户选择阶段、产品铺市阶段、卖场终端拉动阶段。具体的铺货应从品牌定位、客户选择、产品铺市、终端拉动几个方面做好计划。

- 新产品推广策略。这是新产品推广策划的关键步骤。怎样选择推广渠道，怎样针对目标消费者开展新产品推广活动，怎样找到他们、说服他们、取悦他们、满足他们，这是新产品推广的关键。新产品推广策略有 3 个方面的内容：一是根据产品的类型和特性，选择相应的推广渠道和平台；二是制定有效的预算和推广周期；三是推广方法的选择和具体实施。

- 新产品媒介策略。新产品上市，往往以媒体推广为源头，先做市场宣传。媒体推广方案包括媒体的选择、广告形式和排期、推广文案设计、完成效果预期等。新产品媒介策略实质是要做好品牌的宣传与推广。"互联网+"时代，品牌的重要性不容小觑，对于一个新产品来说，必须进行精准的品牌定位，注重品牌的宣传推广，只有这样才能给品牌后期的发展带来更加宽广的通路。

- 费用预算。新产品推广要达成各项目标、指标和任务，都会产生各类相关的费用。对新产品推广的费用投入和产出应做出预算，注意费用的预算要精确、详细、具体。

- 意外防范。新产品推广过程中可能出现一些意外，如政府部门的干预、消费者的投诉，甚至天气突变导致户外促销活动无法继续进行等，这个时候应对可能出现的意外事件进行必要的人力、物力、财力方面的准备。

- 推广效果预估。预测新产品推广达到的效果，以利于新产品推广活动结束后与实际情况比较。要从刺激程度、促销时机、促销媒介等方面总结成功点和失败点。

# 三、品牌策划

品牌策划是对品牌战略和策略的规划，是品牌决策的形成过程。品牌策划是把人们对品牌的认识从模糊变得清晰的过程。

## （一）品牌策划的基本内涵

开展品牌策划，首先要了解品牌策划的相关概念。那么，究竟什么是品牌？品牌有哪些作用？品牌策划的本质是什么？

### 1. 品牌的定义

品牌是一种名称、术语、标记、符号、设计，或是它们的组合运用。其目的是帮助辨认销售者的产品或服务，并使之同竞争对手的产品和服务区别开来。其包括以下 4 个方面的内容。

（1）品牌名称。这是指品牌中可以用言语称呼的部分，如海尔、雅戈尔、999、TCL 等。

（2）品牌标志。这是指品牌中可以识别但不能用言语称呼的部分（符号、图案、色彩、字体），如图 4-4 和图 4-5 所示。

图 4-4　京东品牌标志

图 4-5　华为品牌标志

（3）品牌角色。品牌角色是一种特殊的品牌象征的符号，如海尔兄弟、米老鼠等。

（4）品牌商标。这是指受到法律保护的整个品牌或组成品牌的某一个或几个部分。商标使用前应注册，可用"R"或"注"明示，注册商标才享其专用权。

### 2. 品牌的作用

品牌的作用主要体现在对企业、对消费者和对社会 3 个方面。

（1）品牌对企业的作用主要体现：品牌是产品竞争的有力武器；品牌有助于企业促进产品销售，树立良好的社会形象；品牌有利于保护品牌所有者的合法权益；品牌有利于约束企业的不良行为，督促企业着眼于消费者利益、社会利益和自身的长远利益，规范自己的营销行为；好的品牌是企业宝贵的无形资产。

（2）品牌对消费者的作用主要表现：品牌便于消费者辨认、识别所需商品，有助于消费者选购商品；品牌有利于维护消费者利益；品牌有利于促进产品改良，最终使消费者受益。

（3）品牌对社会的作用主要表现：品牌是公众监督的重要手段，可促使产品质量不断提高；品牌可加强社会的创新精神；品牌可保护企业间的竞争，促使整个社会经济健康发展。

### 3. 品牌策划的本质

品牌策划的本质就是使企业形象和产品品牌在消费者脑海中形成一种个性化的区隔，并使消费者与企业品牌和产品品牌之间形成统一的价值观，从而帮助企业建立起自己的品牌声浪。

品牌策划的核心在于传播。如何把企业品牌形象传播出去，从而打造优良的品牌形象，是品牌策划的关键。

## （二）品牌策划的内容

品牌策划是对企业形象和产品品牌进行更深层次的表达。品牌策划一般包含以下 4 个部分。

### 1. 品牌定位策划

品牌定位是指企业在市场调研和市场细分的基础上，努力寻找和发现自身品牌的独特个性（优势），将此优势与目标消费者心智中的空白点予以对应，从而确定品牌产品在目标消费者心目中的独特位置，并借助整合营销传播手段，使品牌能够让目标消费者建立起强有力的联想和产生独特印象的策略性行为。简而言之，品牌定位就是企业向目标消费者展示品牌产品的独特个性（优势）的过程。品牌定位要求品牌产品能够满足目标消费者的需求，能够向目标消费者提供购买商品的理由，而能够支撑这些理由的内涵则来自品牌的独特个性。

一般而言，品牌定位策划应遵循以下六大基本原则：尽可能突出产品特征；有效整合利用现有资源条件；努力切中目标市场；形成竞争差异；追求传播成本效益最大化；简明扼要，抓住关键。

### 📖营销案例

#### 罗莱家纺的高端定位

罗莱是家纺行业典型的多品牌营销的代表。多品牌营销是指企业根据各目标市场的不同利益分别使用不同品牌的策略。

罗莱一直在积极、持续、专注地为产品打造品牌群形象。其主导品牌罗莱始终定位于家纺用品的中高端市场，产品价格定位为中等偏高，产品风格优雅、精致，以满足中高收入人群对高品质生活的追求。

罗莱的品牌策略是将罗莱推广为中高端市场的优质典雅品牌，将尚玛可（Saint Marc）定位为以中端市场为目标、面向年轻消费者的年轻时尚品牌，将迪士尼（Disney）定位为以中高端市场为目标、面向有着童真梦想消费者的快乐纯真品牌，将喜来登（Sheridan）定位为以高端市场为目标、面向奢侈品消费者的高端奢华品牌。

鲜明的产品定位和成功的品牌策略让罗莱在我国家纺产品的不同目标市场中建立起牢固的市场地位。

### 2. 品牌个性识别策划

品牌个性是指企业经过分析和提炼，有意识地将目标消费者所认可的个性特征移植或注入品牌中，使得品牌具有某种有别于其他品牌产品的独特的性格特征。品牌个性是品牌的灵魂，是消费者识别品牌、区分品牌的重要依据，因此塑造品牌个性就成为品牌传播的核心内容。

### 3. 品牌形象识别策划

品牌形象识别由一系列的符号所构成，包括名称、标志、标准色、标准字体、象征物、包装、展示设计等。对于品牌运营者而言，除了要提炼和规划品牌的文化与个性外，更为重要的是，要将抽象的品牌文化和品牌个性通过创意设计转化为具象的识别符号。这一转化过程既需要专业的策划能力，也需要丰富的创意与想象能力。

（1）品牌名称策划。品牌命名，重在策略。其策划核心可归纳为6句话：命名要别出心裁；命名要名副其实；命名要美到极处；命名要入乡随俗；命名要合乎时尚；命名要独一无二。

### 📖营销案例

#### 金利来领带

"领带大王"曾宪梓先生谈到，"金利来"原先叫"金狮"。一天，他送两条金狮领带给他的一位亲戚，谁知这位亲戚满脸不高兴，说："我才不用你的领带呢！'金输金输'，什么都输掉了。"原来粤语中"狮"与"输"读音相近。为改"金狮"这个品牌名称，他当晚一夜未睡，绞尽脑汁，终于想出了意译与音译相结合这个点子，即GOLD意为金，LION音读为利来，这个品牌名称很快就为大家所喜爱。因为系领带的多为商人或管理人员，香港生意人又多，谁不希望"金利来"呢？因此，给产品取个好名称，是关系产品品牌策划的一件重要事情，切不可等闲视之。企业在产品取名上要舍得下功夫，要经过深思熟虑、反复比较、慎重挑选，要做到念起来上口、听起来悦耳、想起来有新意，从而提高产品的知名度和诱惑力。

（2）品牌标志策划。品牌不仅要有好的名字，还要有好的造型和色彩，并与产品相映生辉，相得益彰。对品牌标志的设计要求主要表现在以下两个方面。

第一，简洁明了，新奇独特。好的品牌设计，应当图案清晰、文字简练并且符号、色彩醒目，没有多余的装饰，体现出鲜明的个性。

第二，易懂易记，启发联想。好的品牌标志所蕴含的信息要既丰富，又使人容易明白，给消费者以趣味的心理享受。

### 营销案例

#### "M"拱形标志

"M"这个很普通的字母，对其施以不同的加工，就能够形成表示不同商品的标记或标志。鲜艳的金黄色拱门"M"是麦当劳（McDonald's）的标志，麦当劳"M"拱形标志如图4-6所示。由于它棱角圆润，色调柔和，所以给人自然亲切之感。如今，麦当劳这个"M"拱形标志已经出现在全世界100多个国家和地区，成为孩子及大人最喜爱的快餐标志之一。

图 4-6 麦当劳"M"拱形标志

第三，形象生动，美观大方。品牌既是产品的特征，又是产品形象及企业形象的代表物，因此在设计上要形象生动、美观大方，只有这样才会有强烈的艺术感染力，使人百看不厌。相反，设计草率、质量低劣、抄袭别人的品牌，会使人产生不信任感，让人难以接受。

第四，功能第一，传播方便。品牌作为产品的一个有机组成部分，应为市场营销服务，而不应作为一件独立的艺术品。例如一件衬衫的品牌，往往设在胸前、袖口等显著部位，其目的一方面是装饰衬衫，另一方面是增强消费者的购买信心。

（3）商品包装设计策划。包装不仅能保护商品、便于商品的出售使用，而且具有识别功能、传递信息功能、诱发购买功能和使商品增值功能。包装设计的内容包括包装形状、包装大小、包装构造、包装材料、文字说明、配图、色调、品牌与标签。

包装设计应遵循下列基本原则：包装设计应与商品价值或质量水平相一致；包装造型应美观大方，图案形象生动，不落俗套，避免模仿和雷同；包装设计应显示商品的特点或风格；包装设计应符合消费者的风俗习惯和心理要求；包装设计应能增加消费者信任感并指导消费；包装造型和结构设计应有助于销售、使用、保管和携带。

### 4. 品牌传播策划

品牌传播是指品牌所有者通过各种传播手段，将事先提炼的品牌核心价值理念持续不断地向目标消费者输出，以使目标消费者认同、喜爱品牌核心价值理念，并逐渐成为该品牌产品的实际消费者和忠诚消费者，从而提升品牌的价值。

品牌传播实际上就是企业借助各种传播手段进行信息控制和利用的过程。在这个过程中，企业如何利用、整合和控制这些传播资源将成为传播的关键。企业可以利用的传播手段包括公共关系、人际传播及各种媒介资源。

## （三）品牌策划的关键步骤

品牌策划是企业发现消费者价值、传播价值，夯实消费者认知的过程，即对消费者的心理市场进行规划、引导和激发，并通过科学的手段，把人们对品牌的模糊认识清晰化的过程。品牌策划的关键步骤有3点：一是品牌定位，提炼出品牌独有的个性；二是品牌塑造，让品牌与众不同；三是品牌整合传播，让品牌广为人知。

### 1. 品牌定位，提炼出品牌独有的个性

品牌定位是把一个品牌植入消费者头脑中，为某个特定品牌确定一个适当的市场位置，使商品在消费者心中占领一个特殊的位置，当某种需要突然产生时，随即想到该品牌。定位的基本原则不是去创造某种新奇或与众不同的东西，而是去改变人们心中原本的想法、影响人们的认知模式。例如，星巴克咖啡定位为第三度空间。

精确的品牌定位，可以细分市场，正确把握市场发展趋势、消费者的需求与喜好，区别于竞争对手，从而增强竞争优势，快速提升品牌知名度。企业通过定位可把设想的产品信息投射到消费者心里。品牌定位凸显了品牌的差异性；品牌定位为消费者提供了一个明确的购买理由；品牌定位提高了品牌的传播效率。

> 📖 **营销案例**
>
> 王老吉：怕上火喝王老吉。
>
> 七喜：非可乐。
>
> 海飞丝：头屑去无踪，秀发更出众。

品牌定位包括品牌定位分析、品牌关系分析、提出品牌主张、进行品牌定位决策四大步骤。

（1）品牌定位分析。品牌定位分析，又叫品牌定位调研，包括消费者行为分析、竞争者分析及自我分析。企业通过调研了解用户对品牌的第一印象，明确竞争对手没有被占领的区域，找到自己的心智机会去解决战略问题。比如 OPPO 手机就找到了用户的痛点，即"我的手机更好，电池更耐用""充电5分钟，通话两小时"，以此成功占位。

定位调研不同于传统调研，它是对用户心智的扫描。定位调研后需要撰写品牌定位分析报告，为品牌定位策划提供科学的依据。

（2）品牌关系分析。品牌关系分析包括确定细分市场、确定目标市场、确定品牌与消费者关系，品牌关系实质上是品牌能力与消费者需求的对接。品牌关系可以分为3个阶段：吸引认知阶段、使用体验阶段、共鸣共赢阶段。

（3）提出品牌主张。通过对品牌资产的梳理和市场发展的分析，提炼品牌自身的特色，发掘切合实际的独特属性。

（4）进行品牌定位决策。这是品牌定位的关键步骤，包括品牌核心价值的提炼、品牌定位的描述。

① 品牌核心价值的提炼。品牌定位的本质就是提炼品牌的核心价值。品牌核心价值是一个品牌的灵魂，它是品牌资产的主体部分，它让消费者明确清晰地识别并记住品牌的利益点与个性，是驱动消费者认同品牌的主要力量。

品牌的核心价值有3个层次：功能价值、情感价值、自我表达价值。例如，舒肤佳提炼了

功能价值，"有效除菌，保持家人健康"；可口可乐提炼的是情感价值，体验热情、快乐、奔放；奔驰提炼的是自我表达价值，代表着权势、成功、财富。

② 品牌定位的描述。品牌定位描述是品牌定位口号的扩充与延伸。和定位口号相比，定位描述既要有感性的表达，也要有理性的概述，它要求准确、全面、生动地描绘出品牌定位的真实图景。品牌定位描述的内容主要包括：品牌名称及生动、形象的限定语；与细分市场相对应的品牌目标消费者，品牌与他们的关联；市场竞争状况及品牌在竞争态势中所处的位置、所占的优势；消费者品牌体验的结果与判断。

📖 **营销案例**
### 利郎男装的品牌定位描述

利郎男装。利，代表成功；郎，代表男人；利郎，意为成功的男士。品牌以"简约而不简单"为理念，定位于商务男装，目标消费者是商务人士、公务人士、知识分子。

### 2. 品牌塑造，让品牌与众不同

品牌塑造是一个系统的、长期的工程。品牌知名度、品牌美誉度、品牌忠诚度是品牌塑造的核心内容。品牌塑造的操作步骤如下。

（1）品牌命名。品牌命名是通过对产品（服务）的系统分析提出生动、充满个性、易识别、易传播、易记忆的品牌名称。一个好的品牌应该有助于称呼、便于记忆。品牌命名的常用方法如下。

- 效用命名：美加净化妆品。
- 人物命名：方太厨具。
- 产地命名：西湖龙井。
- 吉利命名：金六福。
- 制法命名：北京二锅头。
- 形象命名：春兰空调。
- 企业命名：松下电器。

（2）品牌卖点的提炼。品牌卖点提炼是通过对产品（服务）的深入研究，寻找一项或多项能满足消费者需求的产品卖点。品牌卖点应该向消费者传递一种主张、一种忠告、一种承诺，明确告知消费者购买会得到什么利益。品牌卖点的策划思路可以从产品层面、品牌层面、社会观念里寻找。品牌卖点可以是情感、特色、形象、品质、服务、文化等。

（3）品牌文化的梳理。品牌文化的梳理是通过对品牌形成的历史及社会背景进行研究，寻找出品牌能够被消费者认同的文化基因，例如品牌历史、品牌故事。有人说，有情有景有意有故事就是品牌。好的品牌故事可以帮助消费者表达自我。

讲什么故事不重要，重要的是能不能感知消费者，理解他们的想法和感受。只有和消费者心灵相通了，他们才会产生购买欲望。

（4）品牌形象的设计。品牌形象设计是通过专业规范的设计，为企业、产品、服务塑造符合其特征或属性，容易被识别、记忆，富有传播力、冲击力的品牌形象。

### 3. 品牌整合传播，让品牌广为人知

品牌策划好之后，就要想办法将其推广传播出去，这是品牌运作管理的关键。不管品牌核心价值、核心概念表达如何，如果不能顺利地推广传播出去，品牌策划也就失去了意义。品牌整合传播的操作步骤如下。

（1）品牌推广策略。首先要根据产品自身的特点及目标用户群的媒体接触习惯，找出切合实际的品牌推广策略，不能千篇一律。品牌传播推广，首先要确定品牌传播渠道。长期以来不管是传统媒体还是新媒体，都是品牌传播的核心，也是品牌传播的利器。传播渠道是联结消费者的关键。品牌传播要想真正触及消费者，需要将地铁、电梯、户外等传统渠道和微信、微博、短视频、直播等互联网渠道相结合，才能比较全面。

（2）品牌创意表现。品牌创意表现是对消费者的心智和品牌特质深入研究，创作出"情理之中，意料之外"、具有市场穿透力的作品。在新媒体时代，品牌传播应该对品牌内涵进行充分挖掘，增强与消费者的沟通与互动，加强受众体验，从而不断加深消费者认知。好的传播，不是打硬广告、表决心，而是在传播内容中植入情感。

总之，好的内容自带传播属性，能够吸引消费者关注并获得好感，为品牌树立良好的形象，还可以吸引消费者互动。

（3）品牌整合传播执行。品牌整合传播执行是指将品牌传播方案执行到位。一个好的品牌策划人员不仅要有好的方案、好的创意，还要有较强的执行力。

（4）品牌传播效果评估。品牌传播效果评估是通过对上一阶段的品牌传播效果进行综合评估，为下一阶段品牌传播策略提供决策依据。

# 自我检测

## （一）单选题

1. 新媒体推广方式包括（　　）形式。
   A. 广告宣传　　　　　　　　　　B. 新产品推广发布会
   C. "铺货+促销"　　　　　　　　D. 软文推广
2. 品牌中可以被认出但不能用语言称呼的部分叫作（　　）。
   A. 品牌标志　　B. 商标　　　　C. 品牌名称　　　D. 品牌延伸
3. 品牌策划的关键步骤不包括（　　）。
   A. 品牌定位　　B. 品牌形象　　C. 品牌塑造　　　D. 品牌整合传播

## （二）多选题

1. 企业新产品上市策划时一般应考虑的问题有（　　）。
   A. 上市时机　　B. 上市地点　　C. 上市目标　　　D. 宣传策略
2. 品牌包括（　　）等方面的内容。
   A. 名称　　　　B. 标志　　　　C. 角色　　　　　D. 商标
3. 品牌整合传播的操作步骤包括（　　）。
   A. 品牌推广策略　　　　　　　　B. 品牌创意表现
   C. 品牌整合传播执行　　　　　　D. 品牌传播效果评估

## （三）简答题

1. 品牌定位的本质是什么？如何进行品牌定位策划？
2. 强化品牌的方法有哪些？

# 课中实训

## 【背景介绍】

品牌对农产品销售的影响巨大。本项实训以产品品牌策划岗位为学习情境，针对农产品进行产品策划相关工作，特选取惠州"东坡荔"进行产品策略策划、新产品上市推广策划及品牌策划与推广。

红荔挂满枝，岭南果飘香。时至夏至，2022 惠州"东坡荔"荔枝文化节暨惠阳镇隆荔枝对接 RCEP 国际合作活动启动仪式在惠阳区惠阳镇举行。文化节期间，人们再次感受到惠州东坡寓居文化的深厚底蕴和全国文明城市的时代魅力，细细品尝"才下枝头、便上舌头"的惠州味道，聆听"日啖荔枝三百颗，不辞长作岭南人"的美丽故事。惠州，这座古老又朝气蓬勃的现代城市，因东坡荔枝文化节而闻名；荔枝文化，这个岭南千年传统沉淀下来的精神符号，因惠州而弘扬。

惠州现拥有"镇隆荔枝"和"罗浮山荔枝"两大国家地理标志农产品，其中"镇隆荔枝"取得全国首个荔枝良好农业规范（Good Agricultural Practices，GAP）认证。为进一步推广镇隆荔枝品牌、唱响镇隆荔枝文化故事，镇隆镇推出"东坡荔枝"概念，打造"东坡荔"品牌，推动镇隆荔枝迈向品牌化、高端化和国际化。东坡荔枝是指宋朝文豪苏东坡"日啖荔枝三百颗，不辞长作岭南人"诗中的荔枝，据悉，"东坡荔"的主旨是打造荔枝精品品牌，在荔枝的品质、个头、口感、包装等方面全面提升，以高端品质满足高端市场与客户的需求，打造独具岭南特色的水果之王。

# 实训一 "东坡荔"产品策略策划

## 【实训目的】

产品策略是营销组合的首要策略，也是营销策划的重要内容。通过实训，学生能深入理解产品策略策划的重要意义，能够按照产品策略策划的流程提炼产品卖点，进行产品形象策划。

### 任务 1 提炼"东坡荔"的产品卖点

**【任务描述】**

卖点是消费者关注的核心。本项任务要求学生能够准确分析产品的特点，站在消费者的角度，换位思考，提炼产品卖点；能够对消费者购买本产品的理由进行梳理，突出差异，并准确地以一种有力的、能迅速抓住消费者注意力的形式告知消费者，引起消费者的关注。

**【任务操作】**

1. 阅读任务单，明确任务内容与任务目标。

2. 阅读背景资料，学习相关理论知识。

3. 利用九宫格画出产品属性，包括产品的外观、产品的材料、产品的工艺、产品的功能、产品的生产时间、产品的地域文化、产品的适合人群、产品的情怀等。

4. 列出竞争对手的独特卖点。

5. 了解相似产品，分析其独特卖点。

6. 提炼出具备竞争力、具备辨识度、具备唯一性的独家卖点。

7. 将研究结果填入任务操练记录单（见表4-1）。

【操练记录】

表 4-1　　　　　　　　　　　提炼产品卖点

| 研究内容 | 研究结果 |
| --- | --- |
| 产品属性 | |
| 竞争对手的独特卖点 | |
| 相似产品的独特卖点 | |
| 独家卖点 | |

## 任务 2　"东坡荔"产品形象策划

【任务描述】

本项任务要求学生能够熟悉产品形象策划的内容，能够依据背景资料进行"东坡荔"产品形象策划。品牌建设的核心就是让企业品牌的良好形象深深地刻在消费者心里，提升企业产品的知名度。

【任务操作】

1. 阅读任务单，明确任务内容与任务目标。

2. 阅读背景资料，学习相关理论知识。

3. 根据任务要求，确定所需学习资料，并对小组成员进行合理分工，制订计划。

4. 产品文化内涵定位。

5. 产品卖点定位。

6. 产品广告语设计。

7. 产品视觉形象设计，包括 Logo 设计、包装设计、画册设计、名片设计、海报设计等。

8. 将研究结果填入任务操练记录单（见表4-2）。

【操练记录】

表 4-2　　　　　　　　　"东坡荔"产品形象策划

| 研究内容 | 研究结果 |
| --- | --- |
| 品牌名 | |
| 产品文化内涵定位 | |
| 产品卖点 | |
| 产品广告语 | |
| 产品视觉形象设计 | |

# 实训二　"东坡荔"新产品上市推广策划

## 【实训目的】

通过实训，学生熟悉新产品开发的基本流程，掌握新产品上市推广的步骤、策略；能够按照产品上市流程做好新产品上市推广的准备；能够在市场分析的基础上设定新产品上市推广目标，提炼推广的基本思路，选择推广策略、推广方式；能够撰写新产品上市推广策略文案，具备相关内容的交流讨论能力。

### 任务 1　新产品上市推广策略

#### 【任务描述】

新产品上市推广策略对于企业新产品走向市场具有重要的影响作用。本项任务要求学生熟悉制定新产品上市推广策略流程，重点做好"东坡荔"新产品上市推广目标、新产品上市推广渠道、新产品上市推广方式及新产品上市推广组织管理等工作。

#### 【任务操作】

1. 阅读任务单，明确任务内容与任务目标。
2. 阅读背景资料，学习相关理论知识。
3. 根据任务要求，确定所需学习资料，并对小组成员进行合理分工，制订计划。
4. 确定新产品上市推广目标。
5. 确定新产品上市推广渠道。
6. 确定新产品上市推广方式。
7. 进行新产品上市推广组织管理。
8. 将研究结果填入任务操练记录单（见表 4-3）。

#### 【操练记录】

表 4-3　　　　　　　　　　　　　新产品上市推广策略

| 研究内容 | 研究结果 |
| --- | --- |
| 新产品上市推广目标 | |
| 新产品上市推广渠道 | |
| 新产品上市推广方式 | |
| 新产品上市推广组织管理 | |

### 任务 2　新产品上市推广主题活动策划方案

#### 【任务描述】

本项任务要求学生熟悉新产品上市推广主题活动策划方案的基本内容，掌握新产品上市推广主题活动策划方案的撰写技巧，能够为"东坡荔"新产品上市推广进行主题活动策划并撰写策划方案。

#### 【任务操作】

1. 阅读任务单，明确任务内容与任务目标。
2. 阅读背景资料，学习相关理论知识。

3. 根据任务要求，确定所需学习资料，并对小组成员进行合理分工，制订计划。

4. 撰写新产品上市推广主题活动背景。

5. 撰写新产品上市推广主题活动目的。

6. 撰写新产品上市推广主题活动时间和地点。

7. 撰写新产品上市推广主题活动主题。

8. 撰写新产品上市推广主题活动内容。

9. 撰写新产品上市推广主题活动流程。

10. 撰写新产品上市推广主题人员配置。

11. 撰写新产品上市推广主题费用预算。

12. 将研究结果填入任务操练记录单（见表4-4）。

【操练记录】

表 4-4　　　　　　　　　　　新产品上市推广主题活动策划方案

| 项目名称 | 活动一 | 活动二 | 活动三 |
|---|---|---|---|
| 活动背景 | | | |
| 活动目的 | | | |
| 活动时间和地点 | | | |
| 活动主题 | | | |
| 活动内容 | | | |
| 活动流程 | | | |
| 人员配置 | | | |
| 费用预算 | | | |

# 实训三　"东坡荔"品牌策划与推广

## 【实训目的】

本项实训要求以营销策划团队为单位，依据背景资料进行品牌策划，设计品牌策划与推广方案。通过本项实训，学生能加深对品牌概念与内涵的理解，掌握品牌策划的操作流程，培养对品牌文化特性的理解能力，开发创新潜能，锻炼运用知识的能力。

### 任务 1　"东坡荔"品牌定位策划

【任务描述】

本项任务要求以营销策划团队为单位，依据背景资料，为"东坡荔"进行品牌定位策划。学生在实践中能熟悉品牌定位流程，掌握品牌定位的方法技巧。

【任务操作】

1. 阅读任务单，明确任务内容与任务目标。

2. 阅读背景资料，学习相关理论知识。

3. 进行消费者洞察。

4. 进行品牌定位分析。

5. 提炼品牌的核心价值。

6. 进行品牌定位陈述。

7. 将研究结果填入任务操练记录单（见表 4-5）。

【操练记录】

表 4-5                                                    品牌定位策划

| 研究内容 | 研究结果 |
|---|---|
| 消费者洞察 | |
| 品牌定位分析 | |
| 品牌核心价值 | |
| 品牌定位陈述 | |

### 任务 2 "东坡荔"品牌创意与设计

【任务描述】

本项任务要求以营销策划团队为单位，依据背景资料，为"东坡荔"进行品牌创意与设计。学生在实践中能熟悉品牌构成要素，能够根据产品特点及基本原则进行品牌要素创意设计。

【任务操作】

1. 阅读任务单，明确任务内容与任务目标。

2. 阅读背景资料，学习相关理论知识。

3. 设计品牌名称。

4. 设计品牌标志。

5. 设计品牌包装。

6. 设计品牌口号。

7. 撰写品牌故事。

8. 将研究结果填入任务操练记录单（见表 4-6）。

【操练记录】

表 4-6                                                    品牌创意与设计

| 研究内容 | 研究结果 | | |
|---|---|---|---|
| 品牌名称 | | 名称解释 | |
| 品牌标志 | | 标志寓意 | |
| 品牌包装 | | 包装设计思路 | |
| 品牌口号 | | 口号设计思路 | |
| 品牌故事 | | 故事设计思路 | |

### 任务3 撰写"东坡荔"品牌策划与推广方案

**【任务描述】**

本项任务要求以营销策划团队为单位，依据背景资料，撰写"东坡荔"品牌策划与推广方案。学生在实践中能熟悉品牌策划与推广方案的格式，能够按照品牌策划的操作流程，进行品牌策划与推广。

**【任务操作】**

1. 阅读任务单，明确任务内容与任务目标。
2. 阅读背景资料，学习相关理论知识。
3. 结合项目背景，确定品牌策划目的。
4. 品牌定位分析：市场分析、环境分析、竞争分析和 SWOT 分析。
5. 品牌定位策划：品牌的核心价值、品牌理念、品牌定位描述。
6. 品牌创意与设计：品牌命名、品牌标志、品牌诉求重点、品牌包装设计、品牌故事等。
7. 品牌推广策划：品牌推广目标、品牌推广战略与策略。
8. 具体行动方案：品牌推广具体活动策划。
9. 确定费用预算。
10. 按照策划书的格式要求撰写品牌策划与推广方案，修改定稿，制作 PPT。
11. 作业展示与交流。
12. 将研究结果填入任务操练记录单（见表 4-7）。

**【操练记录】**

表 4-7　　　　　　　　　　"东坡荔"品牌策划与推广方案

| 研究内容 | 研究结果 |
| --- | --- |
| 品牌策划目的 | |
| 品牌定位分析 | |
| 品牌定位策划 | |
| 品牌创意与设计 | |
| 品牌推广策划 | |
| 具体行动方案 | |
| 费用预算 | |

## 课后提升

### 经典案例："聚划算聚新鲜"助推新农品牌上行

近日，聚划算聚新鲜平台上新了包括藜麦米、藜麦代餐粉在内的多款农科院张北藜麦产品，吸引了大批消费者购买。藜麦的大火，为所有农产品走近消费者提供了一个参考样本。

### 1. 藜麦的商业化困境

联合国粮食及农业组织（Food and Agriculture Organization of the United Nations，FAO）认定，藜麦是唯一一种单作物即可满足人类所需的全部营养的粮食。

近年来，因富含膳食纤维和蛋白质，且食用饱腹感明显，藜麦被国内一些健身机构关注，并被打造成为健身餐。张家口市农科院是最早将藜麦作物引进的机构之一。在农科院几代科研人的试验下，他们逐步成功培育出本土化的白藜、红藜、灰藜。2015年张家口市农科院藜麦研究所成立，藜麦种植开始进入规模化阶段。这也吸引了大量的农民工返乡创业，他们成为第一批新农人。藜麦开始从张北人民的劳作中走向全国。但这并没有持续多长时间。由于农产品缺乏标准化和品牌化的基因，张北藜麦的消费者黏性弱，商品交易总额的增长往往依赖于投资回报率的增长。2020年，张北藜麦销量大幅下滑，产品堆在仓库，农户拿不到回款，整个藜麦的生产销售陷入停滞。

### 2. 聚新鲜打造藜麦年轻化运动

聚划算围绕生鲜品类衍生出了全新IP——聚新鲜。通过每期主打一个生鲜趋势品类，聚新鲜旨在引领生鲜品类趋势消费，助力生鲜品类销售，成为农产品消费风向标。

为了把张北藜麦带到新一代消费者面前，聚新鲜开始从产业链优化、品牌建设、品类传播等各个方面重塑消费者对藜麦的认知。

新一代消费者在终端渠道接触到的产品大多距离传统农产品较远，因此对品类的认知尤为薄弱。

于是，聚划算聚新鲜与研究员、农民一道，开始推出藜麦新品。即食藜麦粥、藜麦曲奇等年轻人热爱的产品形式，让张北藜麦开始激起年轻人的兴趣。

但要想让一个新品类快速打入市场，还需要做到3点：打造小圈子的忠实粉丝、在泛人群中达成共识、实现大众消费者对新产品的浅认知。

第一步，以新品打进垂直圈层，造就垂直圈层的忠实粉丝。

藜麦在国内率先受到关注，是因为健身机构将其打造为健身餐的重要元素。鉴于此，聚划算聚新鲜开始通过藜麦蛋糕等产品，专门打造健身人群可以放肆吃的健康美食。

第二步，走进大学，在年轻群体中达成共识。

聚划算聚新鲜在高校举办了相关活动，吸引了大批学生的围观，也让藜麦品类的营养价值深入人心。

同期，聚划算聚新鲜也在线上进行了同样话题的交流。数据显示，该话题吸引了2434.9万人阅读、1.2万人讨论。藜麦已然成为年轻人群健康饮食的一个优势品类选择。

第三步，进行科普，实现大众人群的品类认知。

聚划算聚新鲜与阿里西溪园区食堂合作，上线了首款定制餐——聚新鲜定制藜麦饭。其通过职场员工对藜麦饭的体验，加之现场讲解、海报展示（见图4-7）等形式，使张北藜麦在高质量潜在消费人群中进行了一次曝光。这群人开始认识藜麦甚至了解藜麦的营养价值。

通过推广新品，并辅之以上3种手段，聚划算聚新鲜为藜麦奠定了良好的品牌化基础。

图 4-7　张北粗粮藜麦海报

### 3. 助力新农品牌上行

藜麦，只是聚划算聚新鲜助推的新农产品之一。

在农民丰收节"聚新鲜丰收上新"活动期间，聚新鲜助力红心猕猴桃销售 46 万件、突尼斯软籽石榴销售 43 万件、金燕尔冻干银耳单品达成成交额 300 万元。以世壮燕麦原有口碑，加上聚划算聚新鲜的新品整合营销，世壮燕麦片上市即火爆非常，店铺成交额是平日的 13 倍。而作为全网农产品上新平台，聚划算聚新鲜助力的世壮燕麦、张北藜麦这样的新农产品超过了 6 000 个，助力 500 多个新农品牌上行。

聚划算聚新鲜，作为全网农产品上新平台，大大助力了农产品销售和品牌化，成为农产品消费风向标，帮助了农民实现共同富裕。

**案例分析：**

1. 分析聚划算聚新鲜助推农产品的举措。

2. 结合案例，分析如何赋能农产品上行，打造农产品品牌力。

## 拓展训练 ↓

【游戏名称】头脑风暴

【训练目标】训练创新思维。

【实施步骤】

1. 确定一物品，可以是铅笔或其他任何东西，请在 1 分钟内想出尽可能多的其他用途。

2. 每 5 到 7 人为一个小组，每个组选出一人记录本组所想出的主意的数量。在 1 分钟之后，推选出本组中最新奇、最疯狂、最具有建设性的主意，想法最多、最新奇的组获胜。

3．游戏规则如下。

① 不许有任何批评意见，只考虑想法，不考虑可行性。

② 想法越古怪越好，鼓励异想天开。

③ 可以寻求各种想法的组合和改进。

【相关讨论】

1．你是否会惊叹于人类思维的奇特性，惊叹于不同人想法之间的差异性？

2．头脑风暴对于解决问题有何好处？它适于解决什么样的问题？

# 项目五

## 产品促销策划

学习目标 ↓

### 知识目标

1. 掌握广告策划的内容和策略。
2. 掌握营业推广策划的流程和方式。
3. 掌握公关促销策划的程序和策略。

### 技能目标

1. 能熟练运用各种促销工具开展促销策划。
2. 初步具备进行广告策划、营业推广策划和公关促销策划的能力。
3. 能够撰写各种促销策划文案。

### 素养目标

1. 培养学生树立正确的政治意识，始终坚持正确的政治信仰、政治原则。
2. 培养学生的自信心及自豪感，在营销策划与推广中体现出中华民族最深层的精神追求。
3. 培养学生自我发展与实现的意识。

思维导图 ↓

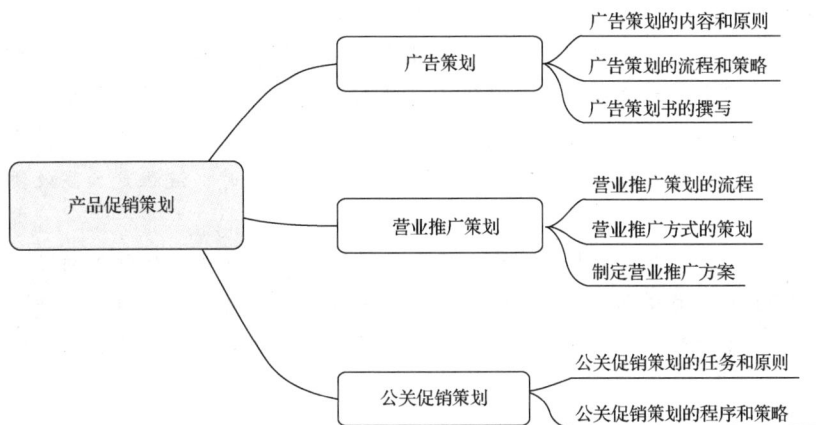

## 👤 案例导入

### 如何为用户带来一场中国式浪漫

以牛郎织女的美丽爱情传说为载体，七夕成为中国最具浪漫色彩的传统节日之一。节日期间，人们祈福许愿、乞求巧艺、坐看牵牛织女星、祈祷姻缘、储七夕水……当然，这也成了诸多品牌借势营销的重要节日。

如何跳脱其他情人节的营销思维惯性，去做真正中国特色的节日营销？品牌该如何用真正的中国式浪漫，去传达品牌态度？天猫快消率先交出了答卷。

**一、让车窗情书替你说爱**

"今晚月色真美"，这其实是一句委婉的爱意表达，表示"我爱你"。而浪漫的回应，不是"我也爱你"，而是"风也很温柔"。

在七夕期间，这样的诗意告白被天猫快消贴在了人们通勤的公交车，乃至滴滴网约车上。比如：每分每秒，眼中的你都如星河般闪耀；四季变迁，跨山越海，衔月为你而来；点映星光拂面，许她柔韧如初……这其实是天猫快消策划的一场七夕情书传播活动。在多达99种中国式浪漫的七夕告白里，却没有一种说了"我爱你"。这种"不直言爱"的告白方式，正好契合含蓄、委婉表达爱意的中国传统文化。这个七夕营销策划也吸引了大量的品牌参与。众多国际品牌，纷纷以星河万里、青山烟雨、桂香风起等颇具中国特色的意境，书写出一份份车窗情书。不止如此，在车窗情书线下传播的同期，线上也同步营造了浪漫的七夕氛围。仅在微博平台上，多位品牌代言人参与该话题讨论，将这个七夕的中国式浪漫氛围烘托到了高潮。截至2022年9月，微博相关话题"天猫七夕节"的阅读量超18亿人次，讨论量突破909万人次。当然，这离不开天猫快消对当下年轻人群的深刻洞察。相比上一代，新一代年轻人在近些年来彰显出的文化自信，大家都有目共睹：一些以中国神话传说为背景的游戏受到热捧、来自印有汉字的中国地砖被镶嵌到埃菲尔铁塔下、对于海外文化与民族文化的结合或辨析更具包容性等。

这些根植于年轻人内心深处的文化自信，也是天猫快消这场车窗情书活动得以刷屏的原动力。

**二、中国式浪漫走向定制化**

针对含蓄，天猫快消做了帮用户委婉表白的车窗情书；而针对细腻，天猫快消更是推出了全球限定好物，并实现了心意表达的定制化。

据悉，七夕期间天猫快消推出"全球限定好物，给特别的你"活动主题，为用户准备了上万款礼赠货品，包括定制服务礼品、首发新品、定制礼盒、七夕限定礼等。本次七夕节，天猫快消推出服务于商家的高级定制服务工具，用户无须像以前那样联系客服进行个性化定制。借助通用化模板，天猫快消已经将电子贺卡、实体卡、礼盒挑选、赠品挑选等定制服务功能化，通过技术手段实现了中国式浪漫的高效贯通。从商家角度而言，这一功能化模块的推出，实现了行业通用方案的达成。这一定程度上减少了客服人员与用户的沟通交流时间，能大大降低商家经营成本。而对于用户而言，在购买商品和个性化定制服务时，流程更加高效便捷，这大大提升了消费体验。

值得一提的是，在提升用户体验方面，天猫快消还准备了一个精彩的互动环节——NFT情侣数字头像（NFT的全称是Non-Fungible Token，中文常翻译为"非同质化通证"）。淘宝站内打造了一个"云露天电影"场景互动页，用户进入并参与互动之后，就有机会获得品牌七夕限定数字头像。

### 三、从用户价值出发做营销

在天猫快消这场七夕营销中，中国式浪漫的玩法并不只是一种吸引用户关注的创新，更多是创造价值的创新，比如满足用户情人节个性化定制的需求、提升用户体验、降低商家成本。而这，也是天猫七夕营销获得用户共鸣的关键。

创造用户价值，最终是为了获取用户心智、得到用户消费反馈。比如在情人节之外，就连日常的生日、周年庆、乔迁、婚礼等多种送礼场景下，人们也会不自觉地将天猫作为挑选礼物的首选平台。当然，这并非天猫一两次营销所取得的成果。面对用户频繁的礼赠需求，天猫一直在串联送礼场景、礼品选购、送礼对象、定制服务等环节。

天猫以营销内容提升用户体验、以营销事实创造用户价值，其成功的根源就在于牢记用户价值主张，并将其内化到每一个营销活动中。

**讨论：**

1. 天猫在浪漫的七夕节，如何开展节日促销策划？

2. 分析天猫七夕营销获得用户共鸣的关键因素。如果你是这次活动的策划者，你还有哪些好的建议？

## 课前自学

促销策划就是对各种促销方式进行组合运用时具有创造性的谋划与设计。具体来说，促销策划是为了快速高效地实现企业促进销售的目标，在科学分析有关影响因素的基础上，对未来将要开展的促销活动进行系统全面的构思与谋划，进而制定和选择切实可行的执行方案，并且根据企业促销目标的要求和环境的变化对方案进行不断修改、调整的一种富有创意的规划活动。

促销策划包含两个层面的工作。

① 单项促销策划，是指对公关促销、广告促销、营业推广和人员促销中的某一促销手段进行的策划。这种促销策划具有相对的独立性和相对的完整性，它要求充分体现某一促销方式的特性和优势，充分应用某一促销方式独特的促销理论与规律，形成自成一体的促销模式。

② 整体促销策划，是指对公关促销、广告促销、营业推广和人员促销进行组合运用的策划。它要考虑主次配合、进程配合、手段（媒介）配合、内容（信息）配合、主题配合、策略（创意）配合、目标配合等。总之，在各种促销方式的实施中，要有机组合、相互推动，形成整体的促销合力，切忌相互割裂，甚至相互对立。

### 🌸营销视野

#### 促销的起源

1853 年 6 月，美国有一家经营帽子的商店曾做过这样的促销活动：凡在该店购买帽子的顾客，均可享受免费拍摄一张戴帽子的照片，作为纪念。当时，照相机还不普及，顾客对出示戴帽子的照片给亲友欣赏感到自豪。因此，活动一开始，就招徕了大批顾客，有的顾客甚至来自数十公里外的地方。这就是促销功能的发挥，其方法既简单又有趣。

# 一、广告策划

广告作为信息传播手段之一，是现代企业实现最终盈利目标不可或缺的促销手段，是企业与消费者沟通的重要桥梁。广告策划充满智慧、创意，还有一些神秘意味，它是现代经济的必然产物。

## （一）广告策划的内容和原则

广告策划是根据广告主的营销计划和广告目标，在市场调查的基础上，制定一个与市场情况、产品状态、消费群体相适应的、经济有效的广告计划方案，并对方案加以评估、实施和检验，从而为广告主的整体经营提供良好服务的活动。

### 1. 广告策划的内容

广告策划内容丰富，类型众多。其大体上可分为6个部分，即广告目标、广告对象、广告主题、广告战略、广告预算、广告效果评估。

（1）确定广告目标。广告目标是指广告活动所要达到的目的，它是由企业的营销目标决定的。

（2）明确广告对象。广告对象又称目标受众，是广告信息的传播对象，即广告信息的接收者。广告对象的确定，是广告策划项目中最重要、最基本的决策之一。

（3）提炼广告主题。广告主题是广告的中心思想和灵魂，是广告活动为达到某项目的所要说明和传播的基本的观念。它统率广告作品的创意、文案、形象等要素，把广告各要素组合为一个完整的广告作品。

（4）制定广告战略。广告战略一般包括3个方面内容。

- 整体思想的确立。例如"以人为本"的思想、可持续发展思想、经济全球化思想等。
- 广告战略的目标与重点。其包括市场目标、形象目标、利益目标和品牌目标等。
- 广告战略方案的设计与实施。广告战略思想的确立是广告战略策划的基础，广告目标的制定是广告战略策划的核心，对内外环境进行分析是广告战略策划的前提，明确广告战略策划任务是广告战略策划的条件，而广告战略设计则是广告战略策划的关键。

（5）编制广告预算。预算活动经费是提高广告宣传活动经济效益和工作水平的重要保证。编制广告预算是按照广告宣传目标和活动方案所需的费用分成若干项目，列出经费清单，准确地预算出单项活动和全年活动的成本，有利于企业统筹安排、事后核对和考查绩效。

（6）进行广告效果评估。广告效果评估主要运用科学的方法来鉴定所做广告的效益。广告效益包括3个方面内容。

- 广告的经济效益。其指广告促进商品或服务销售的程度和企业的产值、利税等经济指标增长的程度。
- 广告的心理效益。其指消费者对所做广告的心理认同程度、购买意向和购买频率。
- 广告的社会效益。其指广告是否符合社会公德。

### 2. 广告策划的原则

广告策划应遵循下列6项原则。

（1）真实性原则。真实，即符合实际和现状。广告策划的真实性是指广告策划的内容以事实为基础，是对客观实际的准确把握和真实反映。真实是广告的第一生命，也是广告策划的首要原则。

（2）新颖性原则。新颖独特是广告策划的生命，也是实现广告目标的保障。广告策划要坚持新颖性原则，力求以新取胜，给人不落俗套、耳目一新的感觉。

（3）法律道德原则。广告作为一种大众传播行为，是一种有责任的信息传递，是一项严肃的社会活动。它不仅仅影响着广告主的生产经营活动，而且也影响着人们的人生观、价值观、审美情趣、生活方式和消费观念，理应受法律和道德约束。因此，需要通过法律和社会伦理对广告活动加以规范。

（4）组合原则。广告策划是一项系统性很强的组合工程。进行广告策划，需要市场调研、方案写作、主题创意、美工、媒体等方面的有效组合。这些方面的组合、协调程度直接影响着营销整体的格局。

（5）心理原则。从广告作用于消费者的全过程来看，消费者接受广告并进行消费，要经历"引起注意—激发兴趣—刺激欲望—加强记忆—诱发购买"5个阶段。因此，广告策划应遵循消费者的这一心理活动规律。

（6）效益原则。广告策划要遵循效益原则。策划者应严格核算，在不同方案中选择成本低、效果好、效益大的方案，以最少的投入带来最大的效益。

## （二）广告策划的流程和策略

广告策划是对广告运作的全过程做预先的考虑与设想，是对企业广告的整体战略与策略的规划。广告策划有其特定的流程，这种程序应该是科学、规范的，而不是盲目地凭空设想与随心所欲。

### 1. 广告策划的流程

广告策划的工作流程主要包括以下内容。

（1）成立广告策划小组。广告策划工作需要集合各方面的人士进行集体决策，因此，首先要成立一个广告策划小组，具体负责广告策划工作。

（2）向有关部门下达任务。经过广告策划小组的初步协商，按照广告主的要求，初步向市场调查部、媒体部、策划部、设计制作部等有关部门下达任务。例如，广告策划小组为了了解市场、产品、消费者、竞争者的情况，要根据广告主的广告目标，向市场调查部门下达市场调研任务，以确保后期的广告策划行之有效。

（3）商讨此次广告活动的战略，进行具体的策划工作。这一阶段的工作包括确定广告策划的战略规划阶段的全部内容，同时还包括确定各项具体的广告实施计划。

（4）撰写广告策划报告。这一阶段的工作包括将广告策划的内容以广告文本的形式表达出来，并对策划结果进行检核、对策划文本进行修改等。

（5）向客户递交广告策划报告并由其审核。广告策划是广告公司给广告客户的一份作战计划。因此，广告策划报告必须经过广告客户的认可，方可以进入制作、发布等实施阶段。若广告客户不认可，则必须重新修改，直到广告主满意方可定稿，进入执行阶段。

（6）将策划意图交职能部门实施。最终实施策划意图的职能部门有两个：设计制作部和媒体部。设计制作部将广告创意转化为可视、可听的广告作品。媒体部则按广告策划报告的要求购买媒体的时间和空间。此时，广告策划小组仍存在，主要对策划出的广告战略的实施情况进行必要的监督与调整，同时，安排调查部测定广告效果。

### 2. 广告策划的策略

（1）广告定位策划。广告设计策划的出发点是受众分析，重点是定位和创意。定位是广告策划的基础，在广告策划工作中起到承上启下的重要作用。定位将大量的调研报告浓缩成广告策划核心，策划者可以就此迅速产生创意、找寻传播的独特主张。之后的广告策划工作都要围绕着定位来展开。

广告定位策划要注意以下3个方面。

第一，关注竞争对手的定位。在广告定位策划过程中还要给竞争对手定位，找出竞争对手的优势和劣势所在，然后针对其劣势并结合本产品的情况，制定相应的定位策略。

第二，定位要在消费者心智上下功夫。市场中定位实质上是寻找竞争对手的空隙，这个空隙也就是消费者心智上的空隙，这是企业占据消费者心智概率较大的路径。

第三，考虑广告的再定位。企业一旦确定了广告定位后就要保持稳定，但是为了适应竞争环境的变化，调整定位、进行适时的动态定位是必要的。

（2）广告创意策划。广告设计创意是广告策划的灵魂，广告创意的基础是产品及其特点。离开了产品性能、质量及优点，广告内容和形式上的创新构想就可能违背真实性原则。广告创意策划应遵循以下基本原则。

- 广告创意要贴切。广告创意中，"贴切"的"贴"是指贴近产品，"切"是指切中消费者心理，这是十分重要的两个着眼点。广告创意要表达得贴切，关键在于紧扣产品和消费者，并采用简单、有关联性、创新、震撼人心的点子。

- 创新的原则。有创新的东西才叫创意，广告策划创意应力求在创新上做文章。策划者要善于借鉴一些经典的创意来提升创意的高度。

- 创意的文化原则。卓越的广告创意应能对产品的文化内涵进行深层开发，从文化内涵中寻找创意的切入点，以更好地满足市场中的消费者个性化消费思维和多元化的文化价值观。

### 📖营销案例

"孔府家酒，叫人想家"（孔府家酒广告）
"太太口服，先生心服"（太太口服液）

（3）广告传播策划。在广告策划中传播问题非常重要，这主要是因为广告定位、广告创意都要通过媒体广告传播出去。企业选择广告媒体，需要在若干方面进行分析、比较，其中受众、传播效果和相对成本是分析、比较的主要内容。从广告主的角度看，对广告经营和制作企业的选择是直接的决策内容，广告经营和制作企业类似于企业的供应商和分销体系中的合作伙伴。

- 选择广告合作伙伴。选择广告合作伙伴应考虑：广告商的经营资格与范围；广告商的经营观念和商业信用；广告商的经营能力，尤其是与传媒的关系和对广告业务的熟悉程度；广告制作（商）的技术水平、经验以及曾经获得的荣誉；广告商及制作企业成功的业务实例。

- 拟订广告传播计划。完整的广告传播计划分3个方面。第一，传播范围。广告传播计划的首项内容涉及广告传媒或载体的传播信息范围。在计划期内，企业可能同时利用几种传媒，不同具体传媒的信息辐射范围不同，计划包括若干传媒涉及的总的信息范围。第二，传播的期限、时间及频率。广告传播计划包括传媒具体的传播期限、时间和频率等内容；户外载体广告以年度甚至数年为传播时期；报纸、期刊广告主要涉及的是一定时间内登载的次数、刊出时间和版面。第三，传播效果与调整。在广告媒体许可的条件下，广告传播计划可以适当调整。调整的依据来自传播合同的规定，调整原因主要基于实际的传播效果。

## （三）广告策划书的撰写

广告策划书是企业广告策划者、广告公司或策划人将其广告策划结果以书面文字、图形等形式表达的应用交流性材料。企业通过阅读广告策划书，可以了解广告策划内容、复审策划工作的结果，并作为评判广告策划工作成绩和选择广告策划合作者的主要依据。一份完整的广告策划书应该包括：前言、市场分析、广告策略、广告计划及预算、广告效果预测 5 部分内容。

### 1. 前言

前言主要介绍广告策划项目的由来、经历的时间、指导思想、事实依据以及广告策划书的目录内容。它的目的是把广告计划的要点提出来，让企业的决策者或执行人员快速阅读和了解，使决策者或执行人员对策划的某一部分有疑问时，能通过翻阅该部分迅速了解细节。这部分内容不宜太长，以数百字为佳，所以有的广告策划书称这部分为执行摘要。

### 2. 市场分析

市场分析主要介绍广告调查、分析的结论，具体内容有以下 3 个方面。

（1）市场环境分析。其包括国家经济形势与经济策略分析、市场文化分析（如法规文化、社会习俗、消费文化、文明程度等）、市场消费状况分析（如整体市场与分割市场的构成、有效需求的规模、公众消费的变化趋势等）、市场商品格局状况（市场成长率、市场构成）、竞争对手的广告策略及市场战略分析等内容。

（2）公众分析。其包括消费者的构成分析（如人口构成、收入水平等）、消费能力分析、消费行为分析（如消费心理分析、购买动机、购买频率等）、消费时尚分析、消费态势走向分析、公众需求与商品之间一致性分析等。

（3）产品分析。其包括企业经营状况分析、产品个性特征分析（如性能、质量、价格、原料、工艺、包装、外观等）、商品定位分析（如产品定位、市场广告目标定位等）、服务项目分析、产品生命周期分析、品牌形象分析（如传播形象、符号形象等）。

### 3. 广告策略

广告策略主要包含了 7 个部分。

（1）目标策略。其主要介绍广告目标设想（包括广告总目标、阶段目标、具体宣传目标）、战略性方法（包括主体基本宣传方法、配合性宣传方法）、阶段广告工作任务。

（2）定位策略。其主要介绍企业形象和品牌形象的定位建议、市场定位、宣传的商品品质定位、宣传观念定位等。

（3）媒介策略。其主要介绍广告媒介的分配规划（包括媒体的选择、媒体分配、地理分配、时间分配、内容分配 5 个方面的规划内容）、组合方式以及媒介单位、选用理由、选用方式、选用次数、日期、持续时间、媒介启用时的注意事项等。

（4）诉求策略。其主要介绍本次广告宣传的诉求对象、诉求符号、诉求信息和诉求方式等。

（5）创意说明。在这方面主要介绍广告宣传的意境设想、意境表述、意境风格和创意的独特之处。

（6）宣传文案。其主要介绍系列化广告宣传的主题、标题、标语、口号，广告正文以及创作思路、意图。

（7）表现策略。其主要介绍广告的主题表述、文案表述（包括平面广告作品文案、电视广告分镜头脚本）、各种广告媒介的表现（即示形图景、格式化样本）、媒介规格以及制作要求等。

#### 4. 广告计划及预算

广告计划及预算包含4项内容。

（1）广告工作计划。其主要介绍广告调查、创意、策划、设计、制作和实施的时间安排。

（2）发布计划。其主要介绍广告媒介作品在各种媒介上推出的时机及其在文化、心理上的象征意义，以及广告宣传的持续时间和终止时间等。

（3）其他活动计划。其主要介绍配合广告宣传所策划的市场经营活动的时间安排，如商务促销活动等。

（4）广告费用预算。其主要包括广告策划创意费用、广告设计费用、广告制作费用、广告媒体费用、其他活动所需要的费用、机动费用等，最后列出费用总额。

#### 5. 广告效果预测

广告效果预测部分，主要说明经广告主认可，按照广告计划实施广告活动预计可达到的目标。

## 二、营业推广策划

狭义的促销策划即指营业推广策划，也称销售促进策划，简称SP（Sales Promotion）策划，是为刺激消费者购买和经销商销售而设计的促销活动及措施。营业推广策划的重点是迅速增加当前商品的销售量；营业推广策划的关键是运用新颖独特的创新思维；营业推广策划要与其他促销策划相配合。

### （一）营业推广策划的流程

企业开展营业推广策划，应确定目标，选择方式，制定方案，测试效果，以及评估效果，如图5-1所示。

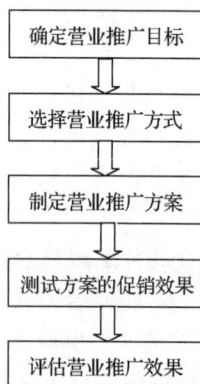

图 5-1　营业推广策划的流程

#### 1. 确定营业推广目标

营业推广目标是围绕着与产品有关的三个主角展开的。譬如，针对消费者，其目标是刺激购买；针对中间商，其目标是与之取得合作，使之为企业经销产品，并使之忠诚于企业及企业产品；针对推销员，其目标是鼓励他们多推销产品，刺激其寻找更多的消费者。

## 2. 选择营业推广方式

营业推广的方式有很多，企业在选择时，应考虑企业营销目标、市场竞争状况、推销方式的成本与效益、把握好推销时间等。

## 3. 制定营业推广方案

制定营业推广方案要考虑推广的规模、推广的途径、持续时间、选择推广的时机以及推广经费预算等。

## 4. 测试方案的促销效果

企业要在执行方案前进行试点促销效果测试，来确定推广规模是否最佳、推广形式是否合适、途径是否有效。试点成功后再组织全面实行营业推广方案。在执行过程中，要实施有效的控制，及时反馈信息、发现问题，要采取必要措施调整和修改原定方案。

## 5. 评估营业推广效果

常用的方法是比较推广前、推广中、推广后的销售额数据，以评估其推广效果大小，总结经验教训，不断提高营业推广的促销效率。

# （二）营业推广方式的策划

为了实现营业推广的目标，企业应当根据市场类型、营业推广目标、竞争状况、促销目标、目标市场的类型及市场环境等因素选择适合本企业的营业推广方式。营业推广的方式多种多样，主要包括以下 3 种方式。

## 1. 针对消费者推广的方式

向消费者推广是为了鼓励老顾客继续购买、使用本企业的产品，促进新顾客试用本企业产品。其方法主要有以下几种。

（1）赠送样品。向消费者免费赠送样品或让其试用样品，可以鼓励消费者认购，也可以了解消费者对产品的反应。赠送样品，可以挨户赠送、邮寄赠送，也可附在其他商品中无选择地赠送。这是介绍、推广新产品的一种促销方式，但也是最昂贵的方式之一。

（2）赠送代金券。代金券作为对某种商品免付一部分货款的证明，持有者在购买本企业产品时使用可以免付一部分货款。代金券可以直接邮寄给消费者，也可附在其他产品或广告中赠送，还可以赠送给购买商品达到一定数量或数额的顾客。这种方式有利于刺激成熟品牌商品的销售，也可以鼓励消费者认购新产品。

（3）包装兑现。包装兑现即采用商品包装来兑换现金。如收集若干个某种饮料的瓶盖，可兑换一定数量的现金或实物，借以鼓励消费者购买该饮料。这种方式也体现了企业的绿色营销观念，有利于树立良好的企业形象。

（4）特价促销。向消费者提供低于常规价格商品的促销方法，通常的做法是在商品包装或标签上注明价格，可以是一种商品单独销售，也可以是几件商品捆绑销售。此方式对于刺激短期消费非常有效。

（5）商品展销。商品展销可以集中消费者的注意力和购买力。在展销期间，质量精良、价格优惠、服务周到的商品会备受青睐。可以说，参加展销是难得的营业推广机会和有效的促销方式。

## 2. 针对中间商推广的方式

向中间商推广，其目的是促使中间商积极经销本企业产品。其方式主要有以下 3 种。

（1）交易折扣。企业为刺激、鼓励中间商大批量地购买本企业产品，对第一次购买和购买数量较多的中间商给予一定的折扣优待，购买数量越多，折扣越多。折扣可以直接支付，也可以从付款金额中扣除，还可以赠送商品作为折扣。交易折扣可以鼓励中间商更多地购买本企业的产品。

（2）提供补贴。企业为了鼓励中间商经销本企业的产品，有时会支付部分广告费用和部分运费等作为补贴。在这种方式下，中间商陈列本企业产品，企业可免费或低价提供陈列商品；中间商为本企业产品做广告，企业可资助一定比例的广告费用；为刺激距离较远的中间商经销本企业产品，企业可给予一定比例的运费补贴。

（3）经销奖励。为推动中间商超额完成任务，可对经销本企业产品有突出成绩的中间商进行奖励。这种方式能刺激经销业绩突出者加倍努力，更加积极主动地经销企业的产品，同时，也有利于吸引其他中间商为经销本企业产品而努力，从而促进产品销售。

### 3. 针对推销员推广的方式

向推销员推广的目的在于激励推销员更加积极地推销本企业的产品。其方式主要有以下几种。

（1）销售红利。为了鼓励推销员积极推销，企业规定按销售额提成或按所获利润提成，以鼓励推销员多推销产品。

（2）推销竞赛。为了刺激和鼓励推销员努力推销产品，企业确定一些推销奖励的办法，对成绩优良者给予奖励。奖励可以是现金，可以是物品或是旅游机会等。

（3）推销回扣。回扣是从推销额中提取出来的作为推销员推销产品的奖励或酬劳。利用回扣方式把推销业绩与报酬结合起来，有利于推销员积极工作、努力推销。

（4）职位提拔。对业务做得出色的推销员进行职务提拔，奖励其将好的经验传授给其他推销员，有利于培养优秀推销员。

**边学边做**

请收集日常生活中的企业营业推广案例，看看其是怎么开展推广的。

## （三）制定营业推广方案

在营业推广策划中，确定营业推广目标和选择营业推广方式是重要环节，但还需要为营业推广活动的实施制定具体的行动方案。

### 1. 制定营业推广方案需要事先考虑的因素

制定营业推广方案需要对以下几个方面做出决策。

（1）确定营业推广的范围。它包括两个方面的问题：一是产品范围，二是市场范围。

· 产品范围。确定本次营业推广活动是针对整个产品系列，还是针对某一项产品；是针对市场上正在销售的产品，还是针对特别设计、包装的产品。

· 市场范围。一次营业推广活动可以针对全国甚至全世界所有的市场同时开展；也可以针对某些地区开展，或在很多市场同步推出。这些在方案中都应该明确。

（2）确定营业推广诱因量的大小。诱因量是指活动期间运用某种营业推广工具提供给消费者的利益大小，这直接关系到企业的促销成本。诱因量小，促销效果弱，但诱因量过大也会使促销效果递减。

（3）确定传播媒体。确定传播媒体就是决定通过何种媒介将促销的信息传递给消费者。不同的媒体有不同的传达对象和传达成本，促销效果也不一样。如优惠券，可以邮寄、人员发送、报纸杂志广告发送，也可以随商品包装发送。

（4）确定参与的条件。即确定参与促销活动对象的资格。如优惠券对购买额达到一定量的消费者发放；免费赠品对集齐一定包装的消费者发放；样品赠送给符合特定条件的消费者。

（5）确定营业推广活动的时间。营业推广活动时间的确定包括 3 个方面的内容。

• 举行活动的时机。要考虑如何选择时机能提升促销效果。

• 活动持续的时间。活动持续时间太短，信息传达的面有限；活动持续时间太长，会使消费者兴趣下降。理想的活动持续时间应该是商品的平均购买周期。

• 举办活动的频率。科学地确定促销活动的频率，通常要考虑促销目标、竞争者的促销表现、消费者的购买习惯和反应、活动本身持续的时间和效果、促销的整体计划等因素。

（6）做出营业推广费用的预算。营业推广费用通常包括两项：一是管理费用，包括印刷费、邮寄费、对推销员的教育培训费等；二是诱因成本，如赠品费、优惠或减价的成本、兑奖成本等。确定预算的目的是保证该项营业推广活动所需费用的落实，同时，也是找到促销成本和促销收益的收支平衡点，从而做到心中有数，加强对整个促销活动过程的控制。

## 2. 营业推广策划方案的构成

一份完善的营业推广策划方案分为 12 个部分。

（1）活动背景。活动背景是对市场现状及活动目的进行阐述。如市场现状如何？开展这次活动的目的是什么，是处理库存、提升销量、打击竞争对手、新产品上市，还是提升品牌的认知度和美誉度？只有明确活动背景，才能使活动有的放矢。

（2）活动对象。活动对象是指活动针对的是目标市场的每一个人还是某一特定群体，活动控制在多大范围以及哪些人是促销的主要目标，哪些人是促销的次要目标？活动对象的选择直接影响活动促销的最终效果。

（3）活动主题。这一部分主要是解决两个问题：一是确定活动主题，二是包装活动主题。选择什么样的促销主题，要考虑到活动的目标、竞争条件和环境以及促销费用的预算和分配。在确定了主题之后要尽可能淡化促销的商业目的，使活动更接近于消费者，更加打动消费者。

（4）活动方式。营业推广活动方式主要有两个问题要考虑。

• 确定伙伴。确定是厂家单独行动还是和经销商联手，或是和其他厂家联合促销。和政府、媒体合作，有助于借势造势，和经销商或其他厂家联合可整合资源，降低费用及风险。

• 确定刺激程度。要使促销取得成功，应使促销活动具有刺激性，从而刺激目标对象参与。刺激程度越高，促进销售的效果越好。但这种刺激也存在边际效应，因此，应根据促销实践进行分析和总结，并结合客观市场环境确定适当的刺激程度和相应的费用投入。

（5）活动时间和地点。在时间上尽量让消费者有空闲参与，在地点上也要让消费者方便参与，而且要事前与城管局等部门沟通好。不仅进行促销的时机和地点很重要，持续多长时间也要深入分析。

（6）广告配合方式。一个成功的促销活动，需要全方位的广告配合。选择什么样的广告创意及表现手法，选择什么样的媒介宣传，这些都会影响受众抵达率和费用投入。广告配合方式主要内容包括：媒体选择、广告语、宣传时间、宣传频率（电视和广播）、投放地点、版面和规格（户外 DM 和报纸）。

（7）活动前期准备。活动前期准备分为 3 个部分。

- 人员安排。要人人有事做，事事有人管，保证无空白点，也无交叉点。谁负责与政府、媒体沟通，谁负责文案写作，谁负责礼品发放，谁负责消费者投诉，各个环节都要考虑清楚。
- 物资准备。要事无巨细，大到车辆，小到螺丝钉，都要罗列出来，然后按单清点，确保万无一失。
- 试验方案。由于活动方案是在经验的基础上确定的，因此，有必要进行必要的试验来判断促销工具的选择是否正确、刺激程度是否合适、现有的途径是否理想。试验方式可以是询问消费者、填写调查表或在特定区域试行方案等。

（8）活动中期操作。活动中期操作主要是指活动纪律和现场控制。活动纪律是战斗力的保证，是方案得到完美执行的先决条件，在方案中应对参与活动人员各个方面纪律进行规定。现场控制的主要内容包括：活动现场实施流程、现场人员分工明细、导购员的分工、导购员的促销程序和规范。

（9）活动后期延续。后期延续主要是媒体宣传问题，即对这次活动采取何种方式、在哪些媒体进行后续宣传。

（10）费用预算。费用预算是对促销活动的费用投入和产出做出预算。

（11）意外防范。每次活动都可能出现一些意外，比如政府部门的干预、消费者的投诉等。营业推广策划应对可能出现的意外事件做必要的人力、物力、财力方面的准备。

（12）效果预估。效果预估是指预测这次活动会达到什么样的效果。

📖 **营销案例**

## 携程发布"旅游复兴 2.0"计划，推出乡村振兴 5 年行动

2021 年 3 月 5 日，在"旅游复兴 V 计划"迎来一周年之际，携程宣布将升级该计划为"旅游复兴 2.0"，继续推动行业复苏与高质量发展。

据统计，过去一年，携程联动国内 20 余省、区、市目的地，20 余万行业伙伴投入超过 20 亿元旅游复苏基金，激活超过 2 000 万用户重启旅行。"旅游复兴 2.0"计划不但在复苏基金投入方面有望翻倍，也将致力于打造泛旅游市场营销枢纽。

携程集团董事局主席梁建章领衔的直播业务作为"旅游复兴 V 计划"尖兵，与特卖频道一起，为全球市场贡献 50 亿元的交易额，同时也成为集团内容生态第一大 IP。2021 年 1 月，同时服务于目的地、商家、行业从业者的私域运营产品"星球号"正式亮相，内容生态和营销体系开始具备更完善的能力以链接起行业和用户。

据悉，"旅游复兴 2.0"计划的重点有二：一是发挥行业营销枢纽的优势，提高合作伙伴的营销效率，在旅游复苏的浪潮中抢占先机；二是联动目的地和合作伙伴在助力乡村振兴，推广红色旅游、入境旅游等方面加大投入，履行企业社会责任。

乡村旅游方面，携程将推出乡村振兴 5 年行动，计划通过五大乡村旅游赋能措施，全面推进乡村振兴战略，以实际行动助力产业发展。其具体包括 10 个重点网红村落孵化、100 条精品乡村旅游路线打造、1 000 名乡村旅游人才培养、10 000 篇乡村旅游内容创作、10 亿元乡村旅游基础设施基金投入等。

红色旅游方面，携程将整合全平台的优质资源，推出"百年献礼之旅"项目。该项目包括上线红色旅游频道、打造红色旅游文化节和红色旅游直播月、推出红色旅游定制线路

和金牌领队计划，携程集团 CEO 孙洁也将亲自带队探寻红色历史、传承红色精神。全年预计带动 5 000 万人次参与红色旅游。

入境旅游方面，携程将整合线上线下营销资源，针对在华外国人，通过入境游推介会、目的地优惠旅游产品发布、入境旅游产品发布、携程海外营销矩阵等多元化方式向世界讲好目的地故事。

# 三、公关促销策划

公关策划是对企业开展各种公共关系活动的运筹和谋划，企业形象的宣传和树立应依靠公共关系策划。公关策划的核心，就是解决以下 3 个问题：一是如何寻求传播沟通的内容和公众易于接受的方式；二是如何提高传播沟通的效能；三是如何完善公关工作体系。

## （一）公关促销策划的任务和原则

公关促销策划并不是推销某个具体的产品，而是利用公共关系，把企业的经营目标、经营理念、政策措施等传递给社会公众，使公众对企业有充分了解；对内协调各部门的关系，对外密切企业与公众的关系，扩大企业的知名度、信誉度和美誉度。为企业营造一个和谐、亲善、友好的营销环境，从而间接地促进产品销售。

### 1. 公关促销策划的任务

公关促销策划的主要职能是信息采集、传播沟通、咨询建议、协调引导。其主要任务包括以下 6 个方面。

（1）树立企业形象。公共促销策划应有助于企业建立起良好的内部和外部形象。首先从企业内部做起，使员工具有很强的凝聚力和向心力。此外，要提高企业的对外透明度，利用各种手段向外传播信息。让公众认识自己、了解自己，赢得公众的理解、信任、合作与支持。

（2）建立信息网络。公共关系是企业收集信息、实现反馈以帮助决策的重要渠道。由于外部环境在不断地变化，企业如果不及时掌握市场信息，就会丧失优势。公共关系策划有助于企业及时收集信息，对环境的变化保持高度的敏感性，为企业决策提供可靠的依据。

（3）处理公共关系。在现代社会环境中，企业不是孤立存在的，不可能离开社会去实现企业的经营目标，而是在包括消费者、职工、股东、政府、金融界及新闻传播界在内的各方面因素组成的社会有机体中实现自身的运转的。

（4）消除公众误解。任何企业在发展过程中都可能出现某些失误，而失误往往是一个转折点，处理不妥，就可能满盘皆输。因此，企业平时要有应急准备，一旦与公众发生纠纷，要尽快了解事实，及时做好调解工作。

（5）分析和预测市场形势。及时分析和预测社会环境的变化，其中包括政策、法令、社会舆论、公众志趣、自然环境、市场动态等的变化。

（6）促进产品销售。以自然随和的公共关系方式向公众介绍新产品、新服务，既可以增强公众的消费欲望，又能为企业和产品树立更好的形象。

### 2. 公关促销策划的原则

一般来讲，公关促销策划的原则有：求实原则、系统原则、创新原则、弹性原则、伦理道德原则、心理原则和效益原则。

（1）求实原则。实事求是是公关促销策划的基本原则。公关促销策划应建立在对事实正确把握的基础上，以诚恳的态度向公众如实传递信息，并根据事实的变化来不断调整策划的策略和时机等。

（2）系统原则。其指在公关促销策划中，应将公关活动作为一个系统工程来认识，按照系统的观点和方法予以统筹谋划。

（3）创新原则。其指公关促销策划应打破传统、别出心裁，使公关活动生动有趣，从而给公众留下深刻而良好的印象。

（4）弹性原则。公关活动涉及的不可控因素很多，任何人都难以把握，留有余地才可进退自如。

（5）伦理道德原则。伦理道德原则的核心内容是对组织公关活动及其策划的从业人员行为的道德要求日趋加强。

（6）心理原则。要在公关中运用心理学的一般原理，正确把握公众心理，按公众的心理活动规律，因势利导。

（7）效益原则。要以较少的公关费用，去取得较佳的公关效果，达到企业的公关目标。

## （二）公关促销策划的程序和策略

公关促销策划是企业为实现促销目标，在对公众进行系统分析的基础上，对公关活动的整体战略和策略做出的规划。它是公关促销决策的形成过程。

### 1. 公关促销策划的程序

公关促销策划一般经过收集公关信息、策划公关目标、公关对象策划、公关策略策划、公关时机策划、公关决策与公关效果评估6个步骤。

（1）收集公关信息。在公关策划中，主要收集的信息包括政府决策信息、新闻媒介信息、立法信息、产品形象信息、竞争对手信息、消费者信息、市场信息、企业形象信息和销售渠道信息等。所收集的信息经过整理、加工、分析提炼等过程，最后归档，进行科学的分类储存。

（2）策划公关目标。公共关系的总体目标是树立组织的良好形象。公关目标具有四大要素：传播信息，这是最基本的公关目标；联络感情，这是公关工作的长期目标；改变态度，这是公关实践中所追求的主要目标；引起行为，这是公关关系的最高目标。

（3）公关对象策划。确定与组织有关的公众是公关策划的基本任务，否则无法有效地开展公关工作。一般来说，公关对象策划有以下两个步骤。

第一，鉴别公众的权利要求，公共关系在本质上是一种互利关系。一个成功的计划应考虑到互利的要求，要做到这一点，就应明确公众的权利要求。

第二，对公众的各种权利要求进行概括和分析，先找出各类公众权利要求中的共同点和共性问题，把满足各类公众的共同权利要求作为设计组织总体形象的基础。进行概括和分析时，应注意不要简单地按照公众的规律地位或表面一致性来考察，而应从各种公众的意图、权利要求、观察和行为的一致性等方面来加以考察。

（4）公关策略策划。公关策略是策划者在公关活动过程中，为实现组织的公关目标所采取的对策和应用的方式与特殊手段。

（5）公关时机策划。"机不可失，时不再来"，时机对一个策划者来说十分重要。抓住机遇，及时进行公关，可起到事半功倍的效果。

（6）公关决策与公关效果评估。公关决策就是对公关活动方案进行优化、论证和决断。方案的优化可以从 3 个方面考虑：增强方案的目的性；增加方案的可行性；降低耗费。方案优化方法有重点法、轮变法、反向增益法、优点综合法等。公关效果评估即对公共关系活动的效果进行评估。

### 2. 公关促销策划的策略

（1）宣传型公关策略。宣传型公关策略，即利用各种传播媒介直接向公众表达自己，以求迅速地将组织信息传输出去，形成对自己有利的社会舆论。这是常采用的公关模式，其工作包括发新闻稿、刊登公关广告、召开记者招待会、举行新产品发布会、印发宣传材料、发表演讲、制作视听材料、出内部刊物和黑板报等。

（2）交际型公关策略。交际型公关以人际交往为主，目的是通过人与人的直接接触，为组织广结良缘，建立起社会关系网络，创造良好的发展环境。其具体工作包括举办招待会、座谈会、宴会、茶会，进行慰问、专访、接待，发个人信函，打电话等。交际型公关特别适用于少数重点公众。

（3）服务型公关策略。服务型公关以提供各种实惠的服务工作为主，目的是以实际行动获得社会公众的好评，树立组织的良好形象。其具体工作包括售后服务、消费引导、便民服务和义务咨询等。服务型公关能够有效地使人际沟通达到"行动"层次，是一种十分实在的公共关系。

（4）社会型公关策略。社会型公关以各种社会性、赞助性、公益性的活动为主，组织通过对社会困难的群体或行业的实际支持，为自己的信誉进行投资。其主要形式：举办开业庆典；举办周年纪念；主办传统节日；主办电视晚会；赞助文体、福利、公益事业；救灾扶贫；等等。

（5）征询型公关策略。征询型公关以采集信息、调查舆论、收集民意为主，目的是通过掌握信息和舆论，为组织的管理和决策提供参谋。其具体工作包括建立信访接待制度、进行民意调查、建立热线电话和收集报刊资料等。征询型公关是一项日常的工作，要不间断地进行下去。

（6）危机公关策略。危机公关中的危机既有"危"也有"机"，而公关的最终目标就是要实现两者之间的转变，即由"危"转"机"。

📖 **营销案例**

## 海底捞危机公关

2017 年 8 月，有媒体爆出海底捞卫生状况堪忧等问题。在事件爆发 3 个小时左右，海底捞给出了一个堪称企业危机公关范本的公关策略。业内人士将海底捞的危机公关策略概括为：锅我背、错我改、员工我养。

海底捞危机公关策略中体现的几个原则如下。

1. 速度原则。在危机发生 3 个小时左右，海底捞就发布了道歉声明，并在当天给出全套整改和处理措施。对黄金时间的精准把握，让海底捞一定程度上控制了网络舆论的蔓延，也为本次危机公关的成功奠定了基础。

2. 真诚沟通原则。海底捞在发生危机后，第一时间进行了核实，确定问题属实后，主动承认错误，并感谢媒体的监督。这种处理问题的态度为海底捞赢得了民心。

3. 承担责任原则。危机发生以后，认错只是第一步，如何处理问题、承担责任才是解决问题的关键。海底捞在危机发生之后，非但没有像很多企业一样将锅甩给员工或门店，反而由董事会出面，积极为员工承担错误，切实做到了锅我背、错我改、员工我养。

这一态度不仅快速取得了网民的广泛信任与好感，而且还安抚了企业内部员工，让全员感受到企业为员工、为门店负责的气魄。海底捞的做法，不仅成功挽回了企业声誉，更重要的是还凝聚了企业人心，可谓一举两得。

## 自我检测

### （一）单选题

1. 广告效益不包括（　　）效益。
   A. 经济　　　　　　B. 心理　　　　　　C. 社会　　　　　　D. 公众

2. 如果广告创意中包含多个主题，就容易引起目标受众在思想上混乱，从而削弱广告的表达效果。由此要求广告策划要符合的原则是（　　）。
   A. 主题性原则　　　　　　　　　　B. 真实性原则
   C. 简明性原则　　　　　　　　　　D. 艺术性原则

3. 某企业在推广其产品时，以"世界环境日"为主题，赠送环保手册给消费者，使其环保形象大为改善。该企业运用的公关策略是（　　）。
   A. 宣传型公关策略　　　　　　　　B. 交际型公关策略
   C. 服务型公关策略　　　　　　　　D. 社会型公关策略

### （二）多选题

1. 促销策划包含哪两个层面的工作（　　）。
   A. 单项促销策划　　　　　　　　　B. 双项促销策划
   C. 多项促销策划　　　　　　　　　D. 整体促销策划

2. 广告配合方式主要内容包括（　　）。
   A. 媒体选择　　　　　　　　　　　B. 宣传时间
   C. 利益诉求　　　　　　　　　　　D. 投放地点

3. 针对消费者推广的方式主要包括（　　）。
   A. 赠送样品　　　　　　　　　　　B. 赠送代金券
   C. 交易折扣　　　　　　　　　　　D. 特价促销

### （三）简答题

1. 广告策划的内容有哪些？
2. 怎样撰写广告策划书？
3. 营业推广策划的流程包括哪些内容？

# 课中实训

## 【背景介绍】

第 49 次《中国互联网络发展状况统计报告》显示，截至 2021 年 12 月，我国网民规模已达 10.32 亿人，较 2020 年 12 月增长 4296 万人，互联网普及率达 73%，而且我国网民使用手机上网的比率达 99.7%，手机成为上网的主要设备。由此可见，我国已经处于移动互联网时代。移动互联网在很大程度上改变了人们的社交、娱乐、购物的方式。基于此，零售业应根据零售环境调整营销策略以适应消费者需求的变化，从而更好地满足消费者的各种需求。

本项实训以营销策划岗位为学习情境，针对零售业态进行营销策划。零售业态是指零售企业为满足不同的消费需求进行相应的要素组合而形成的不同经营形态，这里主要针对专卖店、超级市场、购物中心开展促销策划。

# 实训一　鸿星尔克专卖店节日促销策划

## 【实训目的】

通过实训，学生能够了解专卖店业态的特点，掌握专卖店广告策划书的撰写方法，熟悉专卖店促销策划的步骤与方法。

### 任务 1　鸿星尔克广告策划

**【任务描述】**

以"民族运动品牌鸿星尔克"为主题进行广告策划并撰写广告策划书。

鸿星尔克作为一个民族品牌在 2021 年因为爱心捐赠而走红。因此本次广告策划在市场分析层面需要着重去解读鸿星尔克在这样的社会背景下的独特之处，尽可能围绕这一特殊社会背景展开策划。

**【任务操作】**

1. 阅读任务单，明确任务内容与任务目标。

2. 阅读背景资料，学习相关理论知识。

3. 根据任务要求，确定所需学习资料，并对小组成员进行合理分工，制订计划。

4. 进行广告策划市场分析。

5. 进行广告策略制定。其包括广告目标策略、广告定位策略、广告创意策略、广告诉求策略、广告表现策略、广告媒介策略及广告宣传文案。

6. 进行广告预算安排。

7. 将研究结果填入任务操练记录单（见表 5-1）。

**【操练记录】**

表 5-1　　　　　　　　　　　　鸿星尔克广告策划

| 研究内容 | | 研究结果 |
|---|---|---|
| 广告策划市场分析 | 市场分析 | |
| | 消费者分析 | |
| | 产品分析 | |

续表

| 研究内容 | | 研究结果 |
|---|---|---|
| 广告策略制定 | 广告目标策略 | |
| | 广告定位策略 | |
| | 广告创意策略 | |
| | 广告诉求策略 | |
| | 广告表现策略 | |
| | 广告媒介策略 | |
| | 广告宣传文案 | |
| 广告预算安排 | | |

## 任务2　鸿星尔克专卖店节日促销策划

### 【任务描述】

以营销策划团队为单位，收集相关信息，分析鸿星尔克专卖店面临的优势、劣势、机会和威胁；结合市场环境和市场需求的特点，为鸿星尔克专卖店进行节日促销策划。

### 【任务操作】

1. 阅读任务单，明确任务内容与任务目标。

2. 阅读背景资料，明确节日促销策划方案的格式。

3. 选定节日，明确促销目标。

4. 进行节日促销策划分析，包括产品分析、竞争者分析、创意、预算等。

5. 整理策划思路，撰写促销策划方案，包括促销主题、促销时机与促销持续时间、促销对象、促销地点、促销产品、促销方式等。

6. 确定广告配合方式。

7. 进行促销实施进度安排。

8. 明确促销活动步骤，包括前期准备、中期操作、后期延续。

9. 进行促销预算。

10. 进行意外防范及效果评估。

11. 将研究结果填入任务操练记录单（见表5-2）。

### 【操练记录】

表5-2　　　　　　　　　　　　鸿星尔克专卖店节日促销策划

| 研究内容 | 研究结果 |
|---|---|
| 促销目标 | |
| 节日促销策划分析 | |
| 促销策划方案 | |
| 广告配合方式 | |
| 促销实施进度安排 | |
| 促销活动步骤 | |
| 促销预算 | |
| 意外防范及效果评估 | |

# 实训二　祥隆泰超市营业推广活动策划

## 【实训目的】

通过实训，学生能够明确营业推广策划的意义，掌握促销策划的目的、内容和操作流程，能够根据行业、产品特点以及促销对象选择恰当的营业推广方式，能够撰写实际可行的营业推广策划方案。

### 任务1　准备营业推广策划的相关内容

**【任务描述】**

以营销策划团队为单位搜集营业推广策划案例，通过案例分析，描述营业推广策划的流程。

**【任务操作】**

1. 阅读任务单，明确任务内容与任务目标。
2. 阅读背景资料，学习相关理论知识。
3. 运用头脑风暴法，进行案例评析。
4. 描述营业推广策划的流程。
5. 分析营业推广策划的目标。
6. 分析营业推广策划的方式。
7. 确定营业推广策划方案的构成要素。
8. 将研究结果填入任务操练记录单（见表5-3）。

**【操练记录】**

表5-3　　　　　　　　　　　营业推广策划的相关内容

| 研究内容 | 研究结果 |
| --- | --- |
| 营业推广策划的流程 | |
| 营业推广策划的目标 | |
| 营业推广策划的方式 | |
| 营业推广策划方案的构成要素 | |

### 任务2　撰写祥隆泰超市营业推广策划方案

**【任务描述】**

以营销策划团队为单位，收集相关信息，分析祥隆泰面临的优势、劣势、机会和威胁，结合市场环境和市场需求的特点，为祥隆泰进行营业推广策划，编制祥隆泰营业推广策划方案。

**【任务操作】**

1. 阅读任务单，明确任务内容与任务目标。
2. 阅读背景资料，学习相关理论知识。
3. 根据任务要求，确定所需学习资料，并对小组成员进行合理分工，制订计划。
4. 详细了解该企业的经营理念、企业文化的内涵以及产品种类等，确定营业推广的目的、主题。
5. 确定营业推广活动的方式、内容、时间、地点等。
6. 确定广告配合方式。

7. 对整个活动的前期准备、中期操作、后期延续进行规划。

8. 制定费用预算，进行意外防范和效果预估。

9. 将研究结果填入任务操练记录单（见表5-4）。

【操练记录】

表 5-4　　　　　　　　　　祥隆泰超市营业推广策划方案

| 研究内容 | 研究结果 |
|---|---|
| 营业推广目的 | |
| 营业推广对象 | |
| 营业推广主题 | |
| 营业推广方式 | |
| 营业推广内容 | |
| 营业推广时间、地点 | |
| 广告配合方式 | |
| 前期准备 | |
| 中期操作 | |
| 后期延续 | |
| 费用预算 | |
| 意外防范 | |
| 效果预估 | |

# 实训三　万象汇购物中心年度促销策划

## 【实训目的】

通过本实训，学生能够熟练运用各种促销方式开展促销策划，初步具备广告促销策划、公关促销策划、营业推广策划的能力，能够撰写促销策划文案。

### 任务 1　万象汇购物中心促销创意设计

#### 【任务描述】

万象汇是华润商业地产的中高端品牌，定位为区域商业中心。以营销策划团队为单位，收集相关信息，分析万象汇购物中心面临的优势、劣势、机会和威胁，结合市场环境和市场需求的特点，为万象汇购物中心进行促销创意设计。

#### 【任务操作】

1. 阅读任务单，明确任务内容与任务目标。

2. 阅读背景资料，学习相关理论知识。

3. 根据任务要求，确定所需学习资料，并对小组成员进行合理分工，制订计划。

4. 进行促销现状分析。

5. 讨论谁是解决问题的关键、谁最有影响力，进而确定目标消费人群。

6. 讨论万象汇购物中心希望目标消费人群做什么。

7. 确定促销创意主题。

8. 确定促销手段。

9. 将研究结果填入任务操练记录单（见表 5-5）。

【操练记录】

表 5-5                            万象汇购物中心促销创意设计

| 研究内容 | 研究结果 |
| --- | --- |
| 促销现状分析 | |
| 目标消费人群 | |
| 万象汇购物中心希望目标人群做什么 | |
| 促销创意主题 | |
| 促销手段 | |

## 任务 2  撰写万象汇购物中心年度促销策划方案

【任务描述】

以营销策划团队为单位，收集相关信息，分析万象汇购物中心面临的优势、劣势、机会和威胁，结合市场环境和市场需求的特点，为万象汇购物中心进行年度促销策划，撰写万象汇购物中心年度促销策划方案。

【任务操作】

1. 阅读任务单，明确任务内容与任务目标。

2. 阅读背景资料，学习相关理论知识。

3. 根据任务要求，确定所需学习资料，并对小组成员进行合理分工，制订计划。

4. 进行促销策划分析。

5. 明确促销目标。

6. 明确促销主题。

7. 明确促销组合策略。

8. 明确行动方案。

9. 明确促销预算。

10. 将研究结果填入任务操练记录单（见表 5-6）。

【操练记录】

表 5-6                          万象汇购物中心年度促销策划方案

| 研究内容 | 研究结果 |
| --- | --- |
| 促销策划分析 | |
| 促销目标 | |
| 促销主题 | |
| 促销组合策略 | |
| 行动方案 | |
| 促销预算 | |

# 课后提升

## 经典案例：农夫山泉的广告创意

"农夫山泉有点甜""我们不生产水，我们只是大自然的搬运工"，一直以来，人们对农夫山泉的印象莫过于这些广告语。用广告语建立情感连接一直是农夫山泉所擅长的，创意，则是农夫山泉广告的秘诀。好的创意，有助于提升人们对水的亲近感。随着人们物质生活水平的提高，人们更加注重健康的生活理念，更加注重生活的品质。农夫山泉抓住人们注重健康的心理，将"天然水很健康"这一理念进一步深化和推广。

**1．"农夫山泉有点甜"**

1998 年，农夫山泉在央视播出的第一条广告，看似重点突出表现"甜"，实则是想展示其水源优质。农夫山泉不仅让观众记住了农夫山泉，还让"甜"成了自己的标签。

**2．"我们不生产水，我们只是大自然的搬运工"**

2008 年，农夫山泉抓住人们注重健康的心理，将"天然水很健康"的理念进一步深化，并一直坚持这一健康理念。

**3．"每一滴水都有它的源头""什么样的水源孕育什么样的生命"**

这两句广告语是最近几年农夫山泉的广告语。农夫山泉借助广告语描述优质的水源（见图 5-2），并用视频短片的形式将好山、好水、好环境表现得淋漓尽致。

图 5-2　农夫山泉的广告语

**4．创意跨界营销**

除了在广告语中使用创意手法，农夫山泉还利用地铁广告宣发创意，并联名网易云音乐玩起了跨界营销。从某些方面来讲，跨界营销就是一种资源互换，通过联合的方式来强化自己的品牌形象，这也是除了广告语之外另一种创意广告的形式。

2018 年，农夫山泉联名故宫推出"故宫瓶"。将清朝康雍乾三代帝王以及其嫔妃印在瓶身上，配合人物历史背景的文案（见图 5-3），农夫山泉将瓶身广告玩出了新高度。

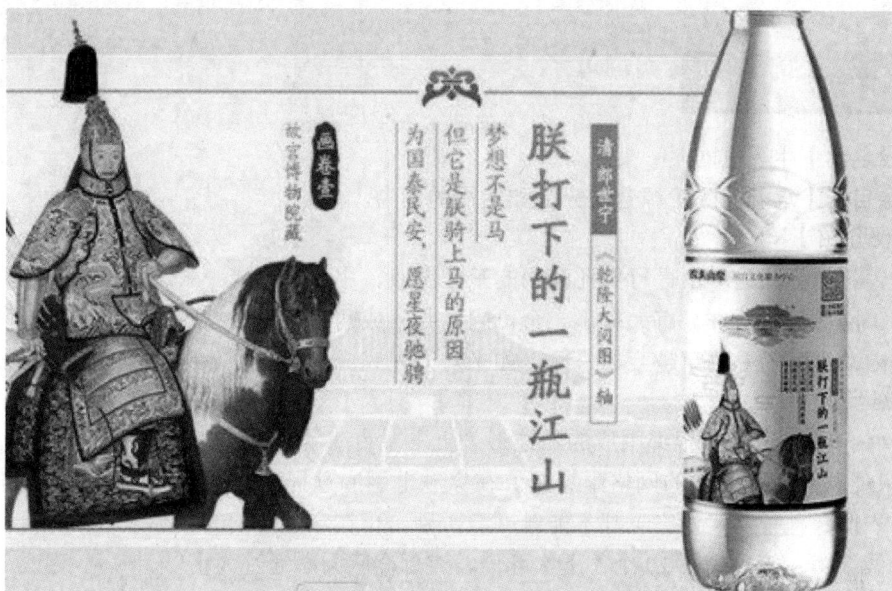

图 5-3　农夫山泉的包装瓶广告

农夫山泉通过一系列富有创意的广告营销手段，不仅吸引了自己的目标消费者，还获得了消费者对品牌的赞誉，最终实现销量的转化，巩固了其国内瓶装水市场的地位。

产品和广告的背后，是一个企业的价值观和世界观。"天然"和"水源"正是农夫山泉品牌价值的核心。从 2014 年开始，农夫山泉就拍摄了多支以水源地、员工和合作伙伴为主题的广告片，无不是情怀满满，对大自然充满敬畏。

《一个你从来不知道的故事》就是 2014 年发布的。与其说它是广告，不如说这是一部关于农夫山泉如何寻找水源的短纪录片。

2016 年，在 20 周年之际，农夫山泉又推出了 4 支水源地短纪录片。其主人公分别为业务代表、水质检测员、取水口的守护员、长白山工厂厂长，虽然他们的职责不同，但作为农夫山泉的员工，他们都负责任地坚守在自己的岗位上。

通过真实地展现员工的工作状态，农夫山泉不仅介绍了自家的水源地，还把产品从水源地到取水过程，再到最后的配送都宣传了一遍，一箭双雕。

农夫山泉用写实镜头记录天然故事，看似润物细无声，却让每一个观看者都能深切地感受到"什么样的水源，孕育什么样的生命"。

如此一来，原有的消费者对品牌愈加忠诚，新的消费者也能了解到品牌所要传达的价值核心，广告的传播力、影响力都在不断累加，从而达到了事半功倍的营销效果。

农夫山泉始终坚持自己的风格，不屈从也不炫耀，默默耕耘，然后令众人惊艳。这就是农夫山泉一直在做的，用更质朴、更真实的镜头讲好自己的故事。

**案例分析：**

1. 分析农夫山泉的广告创意，以及农夫山泉如何利用广告讲好品牌故事。

2. 利用你所学的营销策划知识为农夫山泉设计新的广告语。

## 拓展训练 ↓

【游戏名称】生死电网

【训练目标】培养团队资源合理分配和运用的能力。

【游戏介绍】

以营销策划团队为单位进行生死电网的策划游戏，用绳子结成一张（假设带有 2 万伏高压电）电网，网格规格不一，有大有小。全班同学共分成两个营销策划团队，要求所有队员在最短的时间内从电网的一侧穿越至另一侧，如果对方先完成，则我方算作整个游戏失败。

【实施步骤】

1. 网的有效范围：4 根绳围成的四边形（上下左右演示）。

2. 只能从没有系绳结的网格中穿越。在穿越电网的过程中，任何人身体的任何部位及其附属物（衣服、鞋子、头发等）都不能触网。否则，正在穿越电网的人必须退回原处。或者，全体队员做下蹲，第一次做 20 个，下次翻倍，直到全队同学通过为止。

3. 任何人不得绕过电网到另一侧帮忙，除非是已从网格过去了的人。

4. 不允许做空翻、鱼跃等危险动作，只能从规定的网格里过。

# 项目六

## 新媒体营销策划

学习目标 ↓

### 知识目标

1. 熟悉新媒体营销策划的内容和程序。
2. 掌握微博营销策划、微信营销策划的策略和技巧。
3. 掌握短视频与直播营销策划、VR全景营销等新媒体营销策划的策略与技巧。

### 技能目标

1. 具备合理运用新媒体营销思维开展营销活动的能力。
2. 能够熟练地利用各种新媒体平台进行有效的新媒体营销策划与实施。

### 素养目标

1. 培养学生恪守新媒体营销行业规范的理念。
2. 培养学生的全局观，树立立足整体统筹全局的理念。
3. 培养学生精益求精的工作作风。

思维导图 ↓

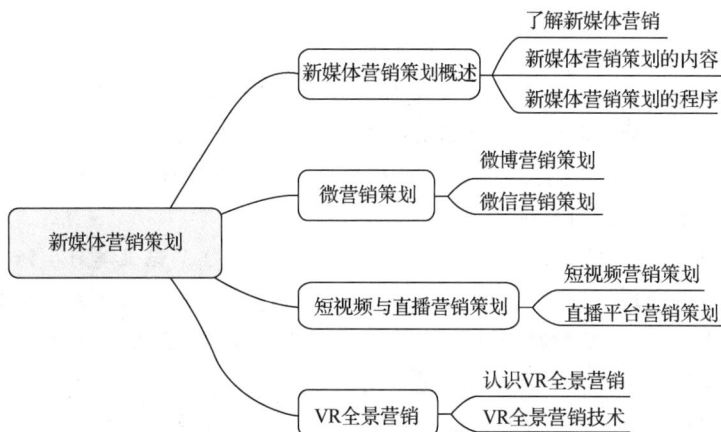

## 案例导入

### 抖音——记录美好生活

作为当下火爆的短视频应用之一，抖音凭借其巨大的流量，受到广告主的重视。随着关注度的日渐高涨，越来越多的品牌涌入抖音，驻扎成为"抖音岛民"。作为品牌推广、综艺合作、公益宣传等活动的平台，抖音于2018年3月19日将品牌口号由"让崇拜从这里开始"改为"记录美好生活"，旨在向社会传递源源不断的正能量。

2018年初，抖音宣布了"美好生活"计划，将在半年内发起50场正能量活动。围绕"记录美好生活"这一主题，活动分成"DOU+"计划、"美好挑战"计划和社会责任计划3个部分。其中"美好挑战"计划将作为抖音2018年的核心关键词，为用户营造更多的幸福感。

作为营销平台，抖音自身有抖音商业推广、抖音原生推广、抖音互动创新三大板块，将观看、社交、互动等体验不断打磨升级，从主动运营再到用户自发生产，形成良好的供求关系链。同时，抖音不断发起挑战和比赛，在搜索主页展示竞况，以此保证参与用户获得更多的曝光机会；并致力于提高用户活跃度，让越来越多的人从一个观众的身份变身成为创作者；在评论区衍生社交属性，增强用户黏性。

2018年5月1日，抖音在上海和北京的地铁站投放了七组名为"美好日记"的地铁广告，这七组广告由爱戏曲、爱萌娃、爱时尚、爱旅行、爱生活、爱萌宠、爱校园组成，分别是抖音平台具有代表性的七大类。每一组美好日记均以抖音站内热门内容为基础，都是抖音平台上用户真实而美好的故事。用户只要扫描广告上的二维码，即可跳转至站内的原生视频。

此外，抖音在地铁投放的海报还具有光栅动画效果，即在不同角度可以看到2种场景的变换，极大地发挥了抖音"抖"的动态特质。诸如"给伟大的妈妈点个赞""抖音里的狗从未让我失望"等文案则细腻地刻画了不同用户群体的心理，抓住过往行人的眼球。

抖音本次广告选取的题材是抖音的七大代表分类，一是告诉用户能在这里记录和观看到这些内容，二是通过平凡而真实的题材引发人们对抖音"记录美好生活"品牌定位的认同感，从而将抖音打造为一个"用户分享美好生活"的平台，增加用户流量。在七个美好日记中，有相濡以沫的爱情、有同窗相伴的友情、有初次悸动的美好、有文化传统的创新传承、有三代同堂的天伦之乐、有被视若家人的可爱萌宠、有勤恳努力的追梦人。每一组的美好故事，都是源自抖音用户的日常生活。通过平凡与真实感染用户，从而提高用户对品牌的好感度。

"抖音美好日记"与抖音的品牌口号"记录美好生活"紧密联系。而日记本来就是记录生活的典型方式，借此可突出抖音在人们生活中"记录美好"的定位。因为短视频包含的信息非常丰富，而抖音之前的主流短视频在内容表达上趋于简单，缺乏后续引导。对于产品而言，消费升级的本质是情感认同、过程体验，以及花费时间和金钱所获得的满足感。抖音在一定程度上满足了用户进行互动的需要。

抖音2018年上半年营销的核心关键词是"美好"，围绕"记录美好生活"这一主题进行了一系列的营销活动。自3月19日抖音短视频宣布品牌升级，正式启用全新的品牌口号"记录美好生活"，就多维度开展了品牌升级的营销推广。除了"美好日记"外，还推出了"生活多美好"品牌商业电视广告片。之后在线上，抖音联合了潘婷、海尔、猫途鹰等20余家品牌做了一场品牌跨界，以抖音里的素材创作漫画，一起记录具体而细小的美好生活。

　　美好生活从来没有标准答案，它有一万种可能。无论是美好日记，还是品牌TVC、品牌跨界联合营销，都是在告诉用户抖音在他们生活中扮演的角色及价值。在某种程度上，这些都给人们的平淡生活带来了未曾有过的美好体验，营造出了更多的幸福感。然而变化是短视频行业十分显著的特征，如何创造更加优质的内容？如何增强用户黏性？如何体现品牌的价值……在短视频飞速发展的时代里，抖音仍需乘风破浪，勇敢掌舵。

　　讨论：

　　1. 抖音成为短视频行业的一匹黑马，其成功的秘诀有哪些？

　　2. 试列举抖音的营销技巧。

## 课前自学

# 一、新媒体营销策划概述

　　新媒体营销已成为时下营销方式中必不可少的一种营销手段，新媒体营销策划成为许多企业关注的焦点。新媒体营销策划的核心就是结合项目的特征，为企业项目寻找最合适的推广方法、运营策略、盈利模式。

## （一）了解新媒体营销

　　随着科技的飞速发展，新媒体越来越受到人们的关注。关于新媒体的定义众说纷纭，到底什么是新媒体？

### 1. 什么是新媒体

　　"新媒体"是一个相对概念。相对于传统媒体而言，新媒体是指在报刊、广播、电视等传统媒体以后发展起来的各种新型的媒体形态。新媒体是利用数字技术、网络技术、移动技术，通过互联网、无线通信网、有线网络等渠道以及计算机、手机、数字电视机等终端，向用户提供信息和娱乐的传播形态和媒体形态。

　　理解新媒体，需要抓住要点——新媒体是建立在数字技术和网络技术等信息技术基础之上的。如果传统媒体开始利用信息技术改造自身运营模式，那么这些传统媒体也可以变成新媒体。

　　新媒体的特征是交互性与即时性、海量性与共享性、多媒体与超文本、个性化与社群化。

### 议一议

　　1. 新媒体和传统媒体相比较有哪些优势？

　　2. 新媒体和自媒体的区别是什么？

### 2. 新媒体营销的含义

　　新媒体营销是整体营销战略中一个重要的组成部分，作为企业的一种经营管理手段，是企业开展商务活动过程中最为基本的、最为重要的网上商业活动之一。新媒体营销是一种新的营销方式与营销手段，其内容相当丰富。

新媒体营销是指企业或个人在新媒体思维的指导下，充分利用新媒体平台的功能、特性，通过对目标用户的精准定位，针对目标用户的需求，研发个性化产品和服务，采取新媒体营销方法，开展新媒体营销活动的全过程。新媒体营销的核心就是用户思维，就是把用户抓到自己手里，而不是通过平台把产品推广出去。

现如今较为热门的新媒体平台包括微博、微信、知乎、今日头条等，其特点为用户基数大、信息及时性强、内容形式丰富、互动性强等。由于平台之间的技术差异以及运营方式不同，在各个平台做新媒体营销的技巧和策略也是不同的。

> **❀营销视野**
>
> 社交媒体的用户分布存在明显的地区和性别差异，人们对平台的选择日趋多元化，社交媒体的使用动机也日趋多样化，除了用于日常沟通联系外，越来越多的人把社交媒体作为获取信息和娱乐消遣的重要渠道。

### 3. 新媒体营销的优势

新媒体营销与传统媒体营销相比有六大优势。

（1）新媒体营销有助于用户自主选择，与企业有效互动。在新媒体出现之前，过去的营销方式是硬性推广，而新媒体营销则不同。新媒体营销使得企业与用户沟通的互动性增强，有利于取得更好的传播效果。在新媒体营销中，用户占据了主导的地位，用户的个性化需求更容易得到满足。

（2）新媒体营销有效地降低了营销成本。新媒体提供了更多开放平台，并且实现资源共享。因此新媒体营销不仅使企业宣传品牌的方式多样化，而且更好地降低了营销成本。

（3）新媒体营销拓宽了广告的创意空间。新媒体营销有助于最大化地让广告创意发挥效果，同时提高用户的参与度，有助于把更多有创意的想法融入营销活动中，以促进企业的发展。而且，创意经济本身就具有很大的发展空间，是企业和产品竞争中非常重要的因素。

（4）新媒体营销引导用户创造产品并分享利润。新媒体营销有助于用户创造内容或产品。企业提供销售平台，与用户共同分享利润，在保证产品的多元化和创造力的同时，也拥有了大量忠实、可靠的宣传者。

（5）新媒体营销更精准地定位用户。在新媒体营销中，不管是门户网站的按钮广告，还是搜索引擎的关键词广告，相对于传统媒体来说，都更有针对性。未来的消费越来越强调个性，用户会主动选择自己喜欢的方式，在喜欢的时间和地点获得自己喜欢的产品或服务，而移动互联网时代的各种工具有助于企业清楚地了解用户的需求。

（6）新媒体营销拥有巨大的数据库。新媒体营销有助于企业更加全面地了解行业动态，获得精准的市场信息，了解用户的想法，同时也能了解竞争对手的信息。

> **📖边学边做**
>
> 假如你是京东商城的营销主管，在 6 月 18 日这天你想让大家记得去参加京东促销活动，你应该选择下面哪个媒体投放广告？
>
> 1. 新浪、搜狐、腾讯。
> 2. 拥有百万粉丝的微信账号。
> 3. 网易新闻客户端。

## （二）新媒体营销策划的内容

新媒体营销并非仅仅是根据平台规则开展营销活动，更不是简单地在新媒体平台投放广告资源。新媒体营销是一个系统工程，需要多个工作岗位共同配合完成。在策划新媒体营销活动时，需要对各平台进行分析，找到适合企业自身的新媒体平台，根据平台运营机制和规则，基于产品或品牌的推广需求和目标用户的喜好，策划满足推广目标的营销活动。新媒体营销策划的核心就是结合项目的特征，为企业项目寻找最合适的推广方法、运营策略和盈利模式。

新媒体营销策划的内容主要包含以下 3 个方面。

### 1. 确定新媒体营销目标

新媒体营销目标是新媒体营销思维中十分重要的一点。设定新媒体营销目标就是要明确通过新媒体营销达成什么目的，例如，提升品牌影响力、获取更多潜在用户、增加产品销量、提高用户忠诚度等。

新媒体营销目标可以依据彼得·德鲁克的 SMART 原则来制定。SMART 原则具体包括以下5 点。

（1）具体性（Specific）。新媒体营销目标的设定，内容要具体，不能过于笼统。

（2）可衡量性（Measurable）。新媒体营销目标要设定一个明确的数据来衡量是否最终达到目标。

（3）可实现性（Attainable）。设定的目标需要让执行人在付出努力的情况下是可以实现的，不能不符合实际情况。

（4）相关性（Relevant）。设定的目标与其他目标是否相联系，要与岗位相联系。

（5）时限性（Time-bound）。设定新媒体营销目标需要限定一个目标的截止时间。

判断目标的实现情况的首要衡量标准就是关键绩效指标（Key Performance Indicator，KPI）。KPI 取决于目标，同时也有助于执行人明白现在与理想目标的差距在哪里、挑战在哪里、机遇在哪里，从而调整计划。

### 2. 新媒体营销定位策划

新媒体营销是基于特定产品的概念诉求与问题分析，对用户进行针对性心理引导的一种营销模式。从本质上来说，它是企业软性渗透的商业策略在新媒体形式上的实现，通常借助媒体表达与舆论传播使用户认同某种概念、观点和分析思路，从而达到企业品牌宣传、产品销售的目的。新媒体营销的核心就是定位，确定在市场的竞争地位，进而去占领用户心智。新媒体营销定位策划包括用户定位、内容定位、平台定位。

（1）用户定位。用户定位是新媒体营销与运营前必不可少的环节。只有了解目标用户、知道用户需要哪些服务，才能更好地进行营销计划的制定与实施，取得理想的营销效果。用户定位是指企业或产品将给什么样的人提供什么样的服务。用户定位的目标是深入了解产品所面向的用户的核心需求与消费偏好，然后开展营销策划，从而占据用户心智。

用户定位需要了解用户属性和用户行为，确定用户群体和用户特征，构建精准的用户画像。用户画像是表现用户行为、动机和个人喜好的一种图形表示，能够将用户的各种数据、信息以图形化的直观形式展示出来，帮助运营人员更好地进行用户定位。目标用户画像越清晰，就越有利于后期营销活动策划。

**边学边做**

以华为 Mate50 为产品进行用户定位，从用户属性和用户行为的角度进行用户画像构建。

（2）内容定位。好的内容是给用户带来价值，帮助用户解决问题，满足用户需求，乃至帮助用户成长的。在新媒体营销中，内容的表现形式、信息载体和传播方式包罗万象，营销策划人员应该掌握内容营销的概念，并做好内容的定位，才能使打造出的内容性产品，真正迎合用户的需求和喜好。

a. 内容的表现形式。

① 文字。文字是一种非常灵活的表现形式，写作的角度、手法不一样，营销效果会有所区别。以文字形式呈现的新媒体内容，可以快速引起用户注意和共鸣。在新媒体平台中，微博头条文章、微信公众号推送文章等新媒体内容就多采用纯文字形式。

② 图片。图片具有更强的视觉冲击力，可以在展示内容的同时给用户更广阔的想象空间。新媒体营销内容可以全部是图片，也可以是文字+图片，使图片既能更鲜明地表达主题，又能为用户提供良好的阅读体验。

③ 视频。视频是目前较为主流的新媒体表现形式，它能够更加生动形象地展现内容，具有很强的视觉冲击和吸引力，能够增加用户对营销内容的信任度。

④ 音频。以音频方式进行新媒体营销时，要保证录音环境没有多余的噪声。音频内容要清晰、语速适当、用语简明，以让用户容易理解和接收为重点。

⑤ H5 动态页面。H5 作为一种比较新型的内容表现形式，不仅制作流程简单，还能呈现出多变的画面形式。例如，支付宝推出的"支付宝十年账单"H5 动态页面，甚至脱离了支付宝软件本身，在微博、微信朋友圈传播。

b. 内容定位的原则。

内容的表现形式较多，内容素材包罗万象，因此要打造符合用户需求和爱好的内容，营销人员需要遵循以下五大内容定位的原则。

① 内容风格要统一。内容与企业品牌或产品的定位相符合，有助于提升内容的专业性、增强读者的阅读感受。

② 内容要满足用户需求。要从用户需求角度分析、设计，挖掘需求与痛点，打动用户。

③ 内容要符合营销目的。目的不同，写作方向就不同，侧重点就不同，注重内容质量。

④ 内容要高频输出。持续创作优质、原创的内容，因为高转化率需要优质内容输出做基础。

⑤ 内容要贴合写作人员的能力。写作能力是基础也是核心，不断学习和经验积累很重要。

c. 内容定位的误区。

① 内容陈旧无创新。内容没有新意、没有趣味、没有价值。

② 信息推送太频繁，信息打开率低、阅读率低。

③ 广告植入无技巧。广告内容生搬硬套、虚假宣传。

❀**营销视野**

### 如何创作走心的新媒体内容

走心的新媒体内容指的是精心设计的、能打动用户的文字、图片、视频等。用户看后会自发地点赞、转发或直接下单。

设计走心的新媒体内容分为 5 个步骤：渠道用户画像、用户场景拆解、用户痛点挖掘、解决方案描述及内容细节打磨。

（3）平台定位。一个平台的调性就好比一个人的性格，不同的平台的调性不相同。同样的内容在不同的平台上发布会有不一样的效果，企业该如何选择适合发力的新媒体平台呢？首先要了解各大新媒体平台有哪些特性。

- 微信公众号。微信公众号包括订阅号和服务号，针对已关注的粉丝形成一对多的推送，推送的形式多样，包括文字、语言、图片、视频等。微信本身具有庞大的用户基础，传播效果好。
- 新浪微博。新浪微博较微信更为开放，互动更加直接，推送不受数量和时间的限制，形式多样，并且因其开放性而容易形成爆炸式的传播效果。
- 社交网站。社交网站包括天涯、豆瓣、猫扑等社区，这些网站有其对应的用户群体，网站内部也有多种推广方式，如豆瓣日志、豆列、小组等，都具有良好的传播效果。
- 问答平台。近几年发展较好的问答平台有知乎、分答等，这些平台重视内容本身，在站外搜索引擎上的权重较高，常成为用户分享信息的发源地。
- 视频网站。视频网站以哔哩哔哩、Acfun、腾讯视频等视频网站为代表。在此类网站中，品牌可以直达用户，更好地与传播内容相融合，并且可以通过弹幕等方式及时获取用户反馈。
- 短视频平台。短视频平台以抖音、快手等 App 为代表。短视频符合多数用户接收信息和使用移动端的习惯，在视频移动化、资讯视频化和视频社交化的趋势带动下，短视频营销成为新的风口。

传统企业转型新媒体平台有两种模式：一种模式是自建，另一种模式是投放。对于很多传统企业而言，首先要明确新媒体运营的目的。传统企业运营新媒体，其运营目的包括以下 3 点：品牌推广、产品销售、客户服务。如果想要达到品牌推广和产品销售的目的，选择自建和投放模式都可以，如果是为了客户服务，则只能考虑自建新媒体体系。适合企业自建的新媒体平台如表 6-1 所示。

表 6-1　　　　　　　　　　　适合企业自建的新媒体平台

| 运营目的 | 新媒体平台 |
| --- | --- |
| 品牌推广 | 官网（包括移动版官网）、官方微博 |
| 产品销售 | 官方网店（包括淘宝、京东、微信商城等） |
| 客户服务 | 官方微信、官方论坛、邮件 |

### 3. 新媒体营销模式策划

随着移动互联网技术的日趋成熟，各种新媒体营销模式也日益普及。常见的新媒体营销模式策划主要包括以下几种。

（1）病毒式营销。病毒式营销就是利用大众的积极性和人际网络，让营销信息像病毒一样进行传播和扩散。其特点就是快速复制、广泛传播并能给人留下印象。病毒式营销可以说是新媒体营销最常用的网络营销手段之一，经常被用于产品、服务的推广。这种方法对于品牌而言主要的作用就是让人们对其产生印象。

（2）事件营销。事件营销就是利用有新闻价值、社会影响以及名人效应的人物或事件，通过策划、组织等技巧来吸引媒体、用户的兴趣和关注。其主要是用于提高企业产品、服务的认知度和美誉度，为品牌树立良好的形象。

（3）口碑营销。在现在这个信息爆炸、媒体泛滥和资讯快速更替的时代，用户对广告、新闻等资讯都具有极强的免疫力。要想吸引用户的关注与讨论就需要创造新颖的口碑传播内容。随着营销手段的不断发展完善，营销内容的五花八门，经营好口碑营销，成为很多企业营销的最终目的和价值标准。

（4）饥饿营销。饥饿营销可以有效促进产品销售，并为未来大量销售奠定用户基础，同时也能让品牌产生高额的附加价值，从而为品牌树立高价值的形象。但是运用饥饿营销，也需要看情况，并不是每一个企业都能运用该方法。在市场竞争不充分、用户心态不成熟、产品综合竞争力和不可替代性较强的情况下，饥饿营销才能较好地发挥效果。

（5）知识营销。知识营销就是通过有效的传播方法和合适的传播渠道，将企业所拥有的对用户有价值的知识传递给潜在用户，包括产品知识、专业研究成果、经营理念、管理思想和优秀的企业文化等。知识营销有一个基本的核心点：要让用户在消费的同时学到新的知识。

（6）互动营销。新媒体相较于传统媒体，显著的特点就是互动性强。新媒体有助于拉近企业和用户之间的距离，让两者互动。互动营销显著的好处就是可以促使用户重复购买，进而有效地支撑销售。互动营销有助于企业了解用户的真正痛点、培养用户的忠诚度、实现用户利益最大化。

## （三）新媒体营销策划的程序

新媒体营销策划是基于移动互联网以及互联网下的新的媒体营销策划方式，是在新媒体时代，了解新媒体的方式、属性、特点，据此整合、组合、策划出新媒体营销方案的过程。新媒体营销策划的程序包含以下 7 个步骤。

### 1. 了解本行业、本企业需求

开展新媒体营销，首先要做好自身分析，了解本行业、本企业需求。这里面包括了解产品和服务、了解目标用户群体以及新闻热点资讯等。

（1）了解产品和服务。

营销的最终目的是通过产品来传递品牌的价值，提升品牌的影响力。新媒体营销的第一步就是要熟悉自身的产品或服务，挖掘产品的优势和特点，找出核心卖点，从而提炼产品的关键词，进行推广。

（2）了解目标用户群体。

了解目标用户群体的特点是新媒体营销成功的关键。开展新媒体营销策划工作，要努力挖掘用户的核心痛点、解决用户的痛点。这是一项以满足用户需求为核心的创新。要针对不同的用户推出合适的产品或服务；要利用网络舆论等大数据，倾听用户的心声；要针对用户的类型来进行文案的撰写，选择合适的推广渠道进行推广。

（3）了解新闻热点资讯。

新媒体营销的方式是基于互联网快速发展而产生的新型营销模式。开展新媒体营销，撰写推广文案，可以借鉴当下的新闻热点资讯，通过热点来吸引用户的注意力，引导用户了解产品和品牌，有效地加大品牌的传播力度。

### 2. 了解新媒体营销平台

开展新媒体营销，要善于利用各种离线或在线工具，积极与用户进行互动。了解自身产品及产品定位后，选择合适的新媒体平台和工具，传播品牌亮点，从而引起用户讨论与观看，吸引用户关注和转发。选择新媒体平台需要对每个平台的数据、使用情况、人群特点、用户使用习惯等进行了解。新媒体营销主流平台主要有微信、新浪微博、抖音、快手、小红书等。这些平台的使用方式主要有软文、短文、照片分享、评论、转发、投票等形式。

**3．制定新媒体营销战略**

新媒体营销是一个系统性的工程和战略，要求跟品牌定位、市场方向、企业文化相吻合，才能达到真正的社会化营销目的。这是影响新媒体营销效果的关键环节。首先要制定战略目标，明确阶段性的目的，比如是为了促进销售、提高品牌知名度还是进行公关；明确新媒体目标市场营销策略，进行市场细分，实现精准定位；明确要采取的新媒体平台的构架，如微信、新浪微博等体系的搭建；明确新媒体营销投入的预算以及时间比例等。

**4．制定新媒体营销战术**

营销战术即营销策略与行动执行方案。新媒体营销策划的内容是主体，"内容营销"是新媒体营销的核心。内容一般分为两种：常青树和热点话题。"常青树"是指不会过时的话题；而"热点话题"时效性高，往往只在短时间内讨论。内容创作中两者的比例，一般来说，前者占 80%、后者占 20% 比较合适。

新媒体营销，实际上是内容和渠道的结合。"内容"是新媒体营销的核心；"渠道"是发布新媒体营销内容的平台。新媒体营销战术要在相应的平台把合适的内容运用相应的资源进行扩散和传播，同时做好相应的客户服务以及公关具体事务。行动执行方案更多考验的是细节以及团队的执行力。比如：微博每天发多少条？什么时间发？论坛发帖发什么板块？什么时间发人气最旺？围绕主题策划的周期性活动和话题分别是什么？客户关系互动话术是什么？相应平台的主题和背景设计 VI 是什么？文案应该如何撰写？论坛软文的标题如何来拟定？这些执行过程中的问题都需要进行细化和分解。

**5．组建团队**

一个配备完善的新媒体营销团队主要有运营主管、策划（创意）、文案（编辑）、客服、推广（商务拓展）、设计（美工）来整体协作完成。团队成员既要具备新媒体营销知识和营销常识，也要熟悉本行业、本企业以及产品和用户的相关知识，确保执行过程每个人都发挥最大价值。

**6．评估新媒体营销效果**

新媒体营销既要注重粉丝数、点击率等数据，也要衡量"质"，包括精准有效点击以及粉丝互动等指标，更要注重投资回报率，如用户咨询率、潜在客户转化率、促进消费倾向等。除了整体的阶段评估外，还要有周评估和考核或者单个活动的评估和考核，这样才能把每一部分的具体工作做好，根据评估数据来开展后续工作。

**7．适时调整新媒体战略**

企业经过有效地监控以及分析和总结，不断对新媒体营销战术和执行人员进行调整，甚至包括对新媒体战略进行调整。经过调整后，开始新一轮的新媒体营销活动，形成一个良性和完整的闭环。

# 二、微营销策划

微营销，简单来说就是利用微信、微博等大众化网络媒体平台进行宣传、运营推广和营销。微营销以营销战略转型为基础，通过企业营销策划、品牌策划、运营策划、销售方法与策略，把控每一个细节，通过传统方式与互联网思维相结合，实现营销新突破。

## （一）微博营销策划

微博作为近年来人们获取新闻、娱乐消息的主要渠道，因成本低、高效率等特点，也被广泛应用于产品或品牌营销。微博营销策划成为微营销策划的一个重要组成部分。

### 1. 认识微博营销

微博即微型博客（MicroBlog），是一种通过关注机制分享简短实时信息的广播式的社交网络平台。微博营销以新浪微博作为营销平台，以微博粉丝作为潜在的营销对象，通过新浪微博平台与粉丝进行互动沟通，向网民传播企业及产品信息，树立良好的企业形象和产品形象。每天更新内容就可以跟大家交流互动，或者发布大家感兴趣的话题来达到营销的目的，这样的方式就是微博营销。微博营销可以分为个人微博营销、企业微博营销、行业资讯微博营销。

（1）个人微博营销。很多个人的微博营销是靠个人本身的知名度来得到别人的关注。以知名人士、成功商人或者是社会中比较成功的人士为例，他们运营微博往往是通过这样一个媒介来让自己的粉丝更进一步地去了解自己和喜欢自己，微博是其抒发感情的工具，功利性并不是很明显，他们的宣传工作一般是由粉丝跟踪转发来达到营销效果的。

（2）企业微博营销。企业一般以营利为目的，他们运营微博往往是想通过微博来增加企业的知名度，最后达到能够将自己的产品卖出去的效果。企业微博营销往往要比个人微博营销难上许多，因为知名度有限，企业不能让用户直观地了解产品，而且微博更新速度快，信息量大。企业使用微博营销时，应当建立起自己固定的消费群体，与粉丝多交流，多做企业宣传工作。

（3）行业资讯微博营销。以发布行业资讯为主要内容的微博，往往可以吸引众多用户的关注，类似通过电子邮件订阅的电子刊物等。微博内容成为营销的载体，订阅用户数量影响行业资讯微博的网络营销价值。

对于企业和个人来说，微博的营销价值可以分为以下4点：品牌传播、客户关系管理、市场调查与产品开发推广、危机公关。

第一，微博是品牌传播的利器。微博可以帮助企业和个人进行品牌传播，企业要想利用微博进行传播，就先要建构微博的信息传播模型。微博的信息传播模型可以概括为：微博传播=人+情绪+行为的三元平衡。其中，人需要找对意见领袖和忠实粉丝，情绪是为用户制造一个帮助传播的理由，行为则是引导用户创造内容。

第二，微博是客户关系管理的好助手。企业可通过微博进行对客户的挖掘、维护以及服务。企业通过微博对目标客户进行一对一沟通、交流、反馈，让他们购买或追加购买产品，这是很多企业推广的基本策略。

第三，微博是市场调查与产品开发推广的创新工具。企业以自媒体的形式发布信息不会被收取任何费用，这样企业就能投入极少量的人力就能与大范围的用户进行交流，从而获得用户的意见和需求信息。

第四，微博是危机公关的理想选择。微博既是品牌推手，又可能是扼杀品牌的快刀和利剑。在信息高速发展的现代社会，企业并不能预料在哪个环节会出现问题。当事件发生的时候，微博是很好的公关阵地，当然不当的处理方式也会让事件向反面发酵。

### 2. 微博营销策划的原则

微博营销策划是指企业借助微博这一平台进行企业及产品信息传播、树立良好企业形象和产品形象的创意设计的活动。微博营销策划应遵循"4I 原则"：趣味（Interesting）、利益（Interests）、互动（Interaction）和个性化（Individuality）。4 个以字母"I"打头的单词，每一个单词都有同一个词根"in"，并且每一个原则之间又存在相辅相成的关系。与传统企业的广告投放相比，微博营销的亮点在于互动和个性化上。

（1）趣味性原则。以幽默的文字、图片和视频展现内容的微博，会受到微博粉丝的青睐；而枯燥无味、缺乏趣味性的微博，粉丝将避而远之。没有粉丝关注并转发的微博将失去其真正的意义，没有转发分享的微博内容将不再有营销价值。

（2）利益性原则。利益是刺激企业微博粉丝的催化剂，利益包括物质和精神两个方面。能满足粉丝内心需求的事物都是需要去创造的。

（3）互动性原则。微博有助于企业与目标用户通过鼠标和键盘进行对话。通过对话，企业可以感知用户对企业的评价和好感度，并且获得即时反馈。

（4）个性化原则。微博作为自营媒体，与传统的报纸杂志显著的区别在于它具有生命力，并且企业拥有话语权。企业需要将自身的特点和文化，使用个性化的言语，搭载有趣的图片，进行输出。

### 3. 微博营销策划的内容

微博营销策划的内容主要包括以下 5 个部分。

（1）微博平台的选择。不同的微博平台有着不同的特点，策划人员在进行微博营销策划时，首先要选择一个合适的微博平台。不同的微博平台的用户，其关注度各有不同，与之对应的营销策略也不相同。

每个微博平台都会有自己的搜索功能，企业可以利用该功能对自己已经发布的话题进行搜索，查看一下自己发布的内容在排行榜上的情况，与别人的微博内容对比。利用该功能，企业可以看到微博的评论数量、转发次数，以及关键词的提及次数，这样可以了解微博的营销效果。

**边学边做**

你认为目前哪个平台微博影响力最大，在其后面打〇，完成表 6-2。

表 6-2　　　　　　　　　具有微博影响力的平台

| 选项 | 标记 | 选项 | 标记 |
| --- | --- | --- | --- |
| 新浪 | | 新华微博 | |
| 新华网 | | 阿里巴巴 | |
| 网易 | | 腾讯 | |
| 360 | | 搜狐 | |

（2）微博营销定位及目标。企业微博的定位是快速宣传企业新闻、产品、文化等互动交流平台，同时对外提供一定的客户服务和技术支持，形成企业对外信息发布的一个重要途径。企业微博的目标是增加企业知名度，扩大产品销售。企业进行微博营销时，应当建立自己固定的消费群体，与粉丝多交流、互动，多做企业宣传工作，获得足够多的粉丝，形成良好的互动交流模式，逐步打造具有一定知名度的网络品牌。

微博营销目标包括以下 3 个方面：一是微博内容编辑的质量；二是粉丝的数量和质量；三是粉丝参与情况。

（3）微博营销内容策划。微博营销的本质是信息的快速分享、传播与互动，而内容是分享、传播以及互动的主要核心，把内容做好，是微博营销的关键。微博营销内容策划应注意以下 5 个方面。

第一，要有吸睛的标题。吸睛的标题会引起用户的注意，因此可以在标题中加入数字等来营造紧迫感，也可以设置悬念，吸引用户关注。

第二，要精准设置标签。根据不同的时期设置不同的标签，时时刻刻让自己的微博处在搜索结果第一页。用户能否搜索到标签对微博内容推广有着至关重要的作用。

第三，内容质量要过硬。微博营销内容策划主要包括内容素材的收集、内容的标记与撰写、告知相关信息和内容、尽量保持热度、充分与粉丝互动、做好相关的内容链接六大步骤，如图 6-1 所示。

图 6-1　微博营销内容策划的步骤

第四，及时互动。多在评论区与用户进行交流互动，有助于减少距离感，让用户产生信任。只有这样，用户才会主动分享微博内容，企业在引入更多流量的同时也能更好地去做内容营销。

第五，适时更新。微博不需要一次更新好几条或者几十条，这种刷屏式的更新如果没办法为用户提供价值，同样是没有意义的。

（4）微博营销活动策划。一般情况下，微博营销活动策划分为明确活动目的、确定活动形式、设置活动奖品以及进行活动推进 4 个方面。

• 明确活动目的。根据目的确定可参与的指标，提炼若干个小话题；实现活动预设目的，活动目的策划要清晰。

• 确定活动形式。微博活动形式一般分为两种，一种是有奖参与，另一种是友情参与。有奖参与形式包括有奖关注、有奖评论、有奖转发、有奖互粉、回答问题赢奖品等。友情参与形式包括投票、加关注、评论等。

• 设置活动奖品。企业设置奖品要量力而行；奖品可选择企业自己的产品；抓住一切机会进行产品宣传。

• 进行活动推进。微博活动推进要注意以下 5 个方面。

第一，活动规则策划应该清晰、简单，活动规则介绍文字控制在 100 字以内，并配以活动介绍插图。

第二，把握并激发用户的参与欲望。快速激发用户参与欲望的方式是利用微博活动的奖励机制，其包括一次性奖励和阶段性奖励。

第三，控制并拓展传播渠道。企业可以通过内部渠道和外部渠道两种方式：内部渠道是指营销活动初期，企业要求内部员工参加活动，并且让员工邀请自己的亲朋好友参加；外部渠道是指企业主动联系有影响力的微博博主，灵活掌握合作和激励的形式。

第四，沉淀粉丝和后续传播。在微博营销活动策划的起始阶段要考虑如何沉淀优质粉丝的问题，同时鼓励用户去@好友，通过关联话题引入新的激发点，带动用户自身的人际圈来增加品牌的曝光率，促进后续的多次传播。

第五，保持活动的全线跟踪，做好数据统计。企业应通过数据的整理及分析得出活动进展的状况，做好各个细节监测。

（5）微博营销推广方式策划。常用的微博营销推广方式主要包括以下 4 类。

- 微博关键词排名优化推广：微博关键词排名分为微博内容的排名和微博用户的排名。微博内容的排名是及时性的，按照微博发布时间进行排名。微博用户的排名受诸多因素影响，主要有关键词匹配度、粉丝数、是否加 V、是否有相同好友、微博活跃度、介绍、标签等。

- 转发和评论推广：利用微博搜索功能，搜索相关关键词或品牌词，对搜索出来的内容进行评论，精彩评论可以转发到微博，形成二次转发。

- 微博活动和投票推广：微博活动是企业微博增加粉丝的有力"武器"，活动平台有大转盘、有奖转发等活动。企业发布活动后要进行推广宣传。

- 微博软文推广：在微博营销中，软文是一个必备要素。软文重在"软"，软文具有润物细无声的作用，能够让用户在无意中接受企业的观点、购买产品，这是软文的精髓，因此应创作高质量的软文。

## （二）微信营销策划

微信营销作为微营销的主要组成部分，越来越受企业和个人的重视。个人通过朋友圈来打造人脉圈，企业或个人通过微信来提供自己的产品和服务。微信营销已经被大家熟知，正在逐步改变我们的生活。

### 1. 认识微信营销

微信是腾讯公司推出的一款以多媒体信息为主要功能的免费应用软件，它主要有发送文字、图片，实时视频，语音通话等功能。用户可以与好友进行形式丰富的联系。微信是一款主要应用于智能手机的 App，其具有信息传递方式多样、二维码识别和强关系链接三大特点。

微信营销是网络营销的一种形式，微信营销以微信作为营销平台，通过查找微信号或手机号等方式获得微信好友。在微信营销中，每一个微信好友都是潜在营销对象。企业和个人都可以通过微信公众平台建立微信公众号，可以群发文字、图片、语音、视频等内容，推广自己的产品，让大家了解产品或者探讨大家感兴趣的共同话题，从而达到营销的目的。这种通过微信传播的新型营销方式就是微信营销。

（1）微信的营销功能。微信既是一个即时通信平台，又是一个很重要的营销平台，微信使精准营销成为可能。截至 2022 年 12 月，微信拥有的用户数量超过 12 亿人，企业和个人在微信上进行营销活动有得天独厚的流量优势。微信平台的营销功能主要包括以下 4 个方面。

- 微信公众号。企业和个人通过微信公众号可以实现和特定群体以文字、图片、语音等形式进行全方位沟通、互动。微信公众号的营销功能主要体现在用户拉新、用户转化、活跃与留存、信息披露 4 个方面。微信公众号营销形式：一是内容营销，它包括短期话题、事件营销、长期内容中台营销；二是活动营销，它包括为了提高粉丝忠诚度的互动活动，为了涨粉裂变的拉新活动；三是会员营销，它包括会员升级、会员节活动，会员是企业需重点维护的用户，企业通过会员营销可以达到长期有效地管理用户等目的；四是商务推广营销，即与同行业公众号互推。

- 微信个人号。微信个人号的营销价值主要体现为打造个人品牌、促进产品销售、维护客户关系。

- 微信群。微信群既是一个网络互动的社交平台，也是一个知识和信息的分享平台。微信群让一些有相同或相近背景、文化和情趣的人，在一个共享平台，通过友好的互动、分享、交流，来获得一些有益的知识和信息。微信群的优势是用户体验佳，但微信群需要有专人管理，需要烘托兼容并包的氛围。

- 微信小程序。近几年微信小程序非常受企业欢迎，因为微信小程序不但使用方便，而且功能丰富。点餐、电商购物、服务预约、企业信息展示等都可以通过微信小程序来解决。微信小程序的营销功能主要表现为拼团功能、积分商城、会员机制、优惠券、砍价分享。

（2）微信营销的优势。微信营销是网络经济时代企业营销模式的一种创新，是伴随着微信的火热而兴起的一种网络营销方式。微信营销的优势主要体现在以下 4 个方面。

- 潜在用户群体巨大，定位准确。微信最初只针对移动互联网方向进行功能设计，相比其他新媒体，微信的用户群体不仅数量惊人，而且是基于强关系进行链接的，用户黏性也较强。微信公众号的关注用户本身可能对企业产品感兴趣，企业可以通过后台的用户分组和地域控制，实现准确的消息推送。

- 成本低。传统媒体成本较高，而微信推广成本和试错成本相对较低，尤其是在用户关注后，企业每次群发推送图文内容，都是通过计算机来进行的，有网络即可。用户需求的把握和公众号的设计，可以根据用户反馈和后台数据及时调整，效果不好的设计和内容能及时得到修改，修改成本几乎为零。

- 营销到达率高。只要用户关注了某公众号，该公众号发布的每一条消息都会以推送通知的形式发送到用户手机上。订阅号消息通知折叠后会出现在微信主界面的订阅号总类里，服务号消息通知则直接在微信主界面显示。二者都能确保信息可以到达用户的手机上，不容易淹没在用户的信息流里。

- 用户数据统计分析便捷。数据统计主要依托微信公众平台所提供的数据统计功能。其中，用户分析模块用曲线图直观描述用户数量变化趋势及用户性别、语言、地理分布及用户所占比例等特征，图文分析模块包含用户接收情况、图文阅读、分享转发及原文阅读次数等信息。

### 2. 微信营销策划

微信营销是数字经济时代企业或个人营销模式的一种，是伴随着微信而兴起的一种网络营销方式。

（1）微信营销工具。微信营销离不开好的营销工具，好的微信营销工具，可以大大提高微信营销的效率。

- 二维码。利用二维码，可以精准地找到用户。在微信中，用户只需要用手机扫描商家的专属二维码，就能获得一张存储于微信中的电子会员卡，从而享受商家提供的会员折扣和服务。

● 朋友圈。使用朋友圈，可以将手机应用、PC 客户端、网站中的精彩内容快速分享到朋友圈中。这种交流方式虽然比较封闭，但口碑营销效果更加明显，适合对口碑类产品或者私密性弱的产品进行营销。

● 位置签名。可以在签名栏上放广告或者促销的消息，用户查找附近的人或者摇一摇就会看见。这样的做法类似高速公路的路牌广告，强制用户收看，能够有效地拉拢附近用户。如果方式使用得当，转化率会非常高。

● 开放平台。在开放平台中，用户可以把网站内容分享到微信，或者把微信内容分享到网站。由于微信用户彼此间具有某种亲密的关系，所以当网站中的产品被某个用户分享给其他好友后，相当于完成了一个有效的口碑营销。但这种方式的营销，产品扩散比较困难，比较适合做口碑营销的产品。

（2）如何做好微信营销策划。微信营销策划主要包括以下 7 个方面。

a.微信营销定位。

定位是微信营销的必要前提。企业开展微信营销应定位清晰，明确微信营销的目的，否则微信营销就会没有方向，也会误导今后的运营。

微信营销的目的主要有 3 个：品牌宣传、客户关系管理、销售。有些企业做微信营销是为了让自己的服务更便捷，例如，南方航空、招商银行。有些企业则是为了更好地宣传自家产品从而获得更高销量。

b.微信公众号开通和认证。

微信公众号一般分为服务号和订阅号。企业微信营销的目的如果是服务和客户关系管理，可以使用服务号，如果是销售或品牌宣传，可以使用订阅号。企业微信营销要进行微信认证。微信认证的益处：获取更多功能、增强账号官方属性、吸引用户关注，同时还可以享受微信搜索特权。

c.分析同行竞争对手账号。

分析同行业竞争对手账号，可以了解对方的信息发布规律、学习和借鉴对方账号内容的布局及活动策划，作为今后运营账号的重要参考。通常分析的内容包括每周推送次数、推送时间、每次推送条数、标题、排版布局、活动策划、内容主题等。

d.微信运营的前期策略。

微信账号开始运营的前 3 个月，企业和员工主要精力放到如何快速增加用户数量上，把增加用户数量作为运营账号的首要目标。同时，企业要给予一定的支持，例如，足够的推广预算等。运营人员则需要尽快了解企业文化、品牌和产品，准确把握运营账号的方向。

e.注重内容。

优质的内容对增加用户数量、增强用户黏性和用户互动效果是非常重要的。要生产优质的内容，需要做到以下几点：了解企业文化和产品；了解受众人群喜好；分析用户阅读时间；熟知同行账号内容运营的方法；利用数据分析，掌握内容运营方向等。微信运营的内容营销有很多，如产品预售、活动预热、品牌文化、招聘信息、产品故事、活动促销、销售专享、新款发布、新闻热点、心灵鸡汤、话题互动、有奖征集、分享有礼、互动答疑、生活指南等。

f.数据分析。

微信后台数据分析功能有助于企业全面掌握账号的运营情况，并通过数据分析，制定相应的运营策略和方案。用户分析功能有助于企业分析用户增长来源、了解用户增长幅度，从而制定高效的营销策略。对用户的性别、地域等属性分析，可以使内容做侧重性的推送，这也是制作优质内容需要参考的依据。图文分析功能有助于企业了解每次推送的图文消息的阅读人数和次数，以及转发收藏量。图文分析是内容优质与否的晴雨表，优则持之，劣则改之，对微信内容营销有很大帮助。消息分析功能有助于企业了解用户的互动情况。

g. 活动策划。

无活动，不营销。活动是转化潜在客户的重要手段。微信营销活动策划包括以下内容。

① 明确活动目的。明确活动目的是增加用户数量还是做销售、完成转化。企业可根据做活动的目的，策划相应的活动方案。

② 制定活动预算。活动预算影响活动的力度和效果，也对采取何种活动形式产生影响。

③ 选取活动形式。闯关游戏、分享朋友圈、竞猜、送话费、送优惠券、投票、大转盘、刮刮卡、晒照片等，微信营销活动形式众多，只要营销策划人员用心，更多玩法都可以被挖掘出来。

④ 确定活动时间和奖品。确定活动时间段，选好活动奖品及发放时间。活动奖品可以是代金券、话费、实物等。具体奖品以企业业务、政策和预算为依据。

（3）微信营销策划的策略。微信营销策划核心的诉求，包含3个方面：让用户（潜在客户）关注；让用户不断转发获取更多用户并扩大影响力；将用户转化为客户。微信营销策划的策略主要包括以下3点内容。

• 建立差异化内容优势，通过多平台曝光，实现对潜在流量的拉新、引流，实现企业公众号的差异化运营。增加用户数的目的是让用户愿意留下来为企业创造价值，而就企业公众号来说，用户一般可以分为两类：一类是内容消费者，另一类是产品消费者。产品消费者和内容消费者是相辅相成的，每一个内容消费者背后都有一群潜在的产品消费者。对内容消费者，企业要做的工作并不是把内容消费者变为产品消费者，而是通过内容将其背后的那些潜在产品消费者激发出来。对产品消费者，企业的侧重点就是通过利益绑定引诱其消费，实现变现。

• 通过持续的活动和互动，维护用户活跃度和黏性。用户选择持续关注一个公众号，无非是因为喜欢、有实用价值、能获取物质利益。只有实现和用户的持续互动，重视用户体验，才能让用户关注，并得到用户的认同和信任。活动策划是公众号维护用户活跃度和黏性的常用手段。好的活动策划可以实现用户的大幅增长。企业可以选择策划裂变活动，选择有吸引力、能给用户提供真正价值的裂变诱饵，实现用户留存的同时，提高用户总数量。

• 以信任感为基石，实现用户的转化。企业实现变现的基础就是用户的信任，怎样让用户与企业之间产生信赖关系？首先，将企业形象化，企业公众号要具有合理有趣的表达方式，如幽默、温情、严肃等。企业公众号应该要有个性去彰显，要和用户有情感连接，这样才会赢得用户的理解和信任。其次，彰显企业的理念，如喜茶围绕品牌理念"酷、灵感、禅意、设计"为新品和新店书写不一样的故事。

# 三、短视频与直播营销策划

在当今的5G时代，短视频、直播、电商这3种资源形成合力，不断创造着新的用户体验，短视频直播营销策划也已经成为新媒体营销策划的重要组成部分。

## （一）短视频营销策划

短视频近年内迅速占领了互联网视频的一角，它在为人们带来丰富多彩的娱乐生活的同时，也用它的优势为广大企业和商家的产品进行宣传推广。

### 1. 短视频营销策划相关概念

短视频即短片视频，是一种互联网内容传播方式，一般是在新媒体平台上传播且视频时长在5分钟以内的视频。随着移动终端的普及和网络的提速，短、平、快的大流量传播内容逐渐获得各大平台、用户和资本的青睐。所谓短视频营销，就是将品牌或产品融入视频中，并以情节和片段的形式演绎出来。利用短视频营销，可在用户看到产品的过程中，不自觉地向用户推荐产品，让用户产生共鸣，主动下订单，共享信息，从而达到裂变和引流的目的。

短视频营销有如下特点。

（1）碎片化的内容与精准的产品定位。短视频因其"短"的特点而在一些视频拍摄的内容上必须使用碎片化的模式，企业要让自己的内容显得简短而精悍，让短视频能够在有限的时间传达出准确的内容，从而引起用户情感上的共鸣，然后让其进一步产生想要了解的欲望。短视频的受众大部分都是"90后"和"00后"，其中各式各样的视频、音乐以及各种风格的滤镜，更加符合年轻人追求新奇和个性的心理。

（2）个性化的表达与社交化的传播方式。短视频在内容上注重个性、新颖、趣味。所以企业进行营销活动时，需要特别注重自己所拍摄视频的原创性与新颖性。此外，传播性与社交化也是需要注意的重点。好的短视频内容能够引起大家的关注，最终达到病毒式的营销效果。

### 2. 认识短视频营销平台

常用的短视频营销平台主要有抖音、快手、微信视频号、小红书、B站等。

（1）抖音。抖音短视频，一个旨在帮助大众用户表达自我、记录美好生活的短视频分享平台。其应用人工智能技术为用户创造丰富多样的玩法，让用户在生活中轻松快速产出优质短视频。抖音是一款专注年轻人的音乐短视频社区平台，是一个集合了短视频拍摄和音乐创意的短视频社交软件。用户可以通过这款软件选择歌曲，并录制短视频，形成一个音乐短视频作品。

（2）快手。相较于抖音，快手的特点是真实，这也体现了两个平台的不同定位。要想在快手平台做好短视频营销，重要的是做到真实、接地气，直观反映生活原貌。

（3）微信视频号。微信视频号是腾讯旗下短视频创作与分享平台。用户可通过 QQ、微信账号登录，可以将拍摄的短视频同步分享到微信好友、朋友圈、QQ 空间。

（4）小红书。小红书是一个年轻人生活方式分享平台，"90后"和"95后"是其中十分活跃的用户群体。在小红书，用户通过短视频、图文等形式记录生活的点滴。社区每天产生数十亿次的笔记曝光，内容覆盖时尚、护肤、彩妆、美食、旅行、影视、读书、健身等各个生活领域。

（5）B 站。bilibili 是国内知名的视频弹幕网站，这里有及时更新的动漫新番、很棒的 ACG（Animation Comic Game 的缩写，即动画、漫画、游戏的总称）氛围、有创意的 UP 主。

### 3. 短视频营销策划注意事项

短视频营销策划应注意以下内容。

（1）主题明确。短视频推广营销的时长一般是在 30 秒到 60 秒。想要在这么短的时间内做到重点展示，推广主题就要足够明确，不能过于散乱或宽泛。

（2）素材齐全。短视频推广营销，主要依赖于现有素材。所以，短视频营销策划要尽可能保证产品素材、文字素材、场景道具以及拍摄器材等准备到位。短视频推广营销不是一蹴而就的，但是素材准备越丰富，对后期执行推广计划的帮助就越大。

（3）展示手法。短视频推广营销的手法是灵活多变的，可以是产品视频配合专业解说，也可以是项目实地展示，还可以针对展示素材配备音乐背景，使用简约的展示手法。从内容传播的特点来看，可以时不时地更换展示手法，这样就会让目标用户觉得更为新颖。

（4）平台规则。平台规则是影响短视频曝光量的重要原因之一，同时推广平台自身的算法规则也会影响曝光量。如果视频本身含有违禁词汇，或者是不符合平台规则的内容，那么会影响平台引流。所以在策划短视频内容时，务必在平台规则内制作短视频。

（5）持续优化。短视频推广营销是一个长期过程，在推广计划不断推进的同时，还要整理分析推广数据，通过市场本身去验证目标用户更喜欢的视频风格。在后续推广过程中，营销策划人员以这些基本数据为参照，不断优化和改进推广策略及展示手法。

### 4. 短视频营销策划技巧

短视频营销策划技巧如下。

（1）标题。选择一个用户关心的话题。短视频营销是社交营销的新变种，其核心是用户互动。为了迅速引发关注、引起共鸣，首先要找到一个能吸引目标用户的社交话题。这个话题可以是社会热点事件、娱乐头条，也可以是用户切实关心的问题，然后借助短视频的丰富表现力予以呈现，将品牌形象、品牌理念、产品优势等进行巧妙结合。

（2）内容。创作打动用户的一个故事。现在的人一般不喜欢看广告，喜欢听故事。所以，把品牌转化为一个元素或一种价值主张，去融入一个富有感染力的故事，就可以很好地吸引用户的注意力，打动他们，并让他们分享视频，品牌也就能被持续地传播。至于故事的题材和角度，可以考虑创始人的故事、产品的故事、团队的故事、与产品相关的用户的故事等。

（3）形式。真人口播形式更容易让人接受。短视频用户喜欢看真人分享，这个人不一定是艺人，可以是普通人，甚至是一个动画人物，或者一个拟人化的物品。关键是对这个人进行包装，赋予品牌内涵。

（4）分发。好效果需要好平台。酒香也怕巷子深，这个道理对于短视频营销也适用。辛苦制作的短视频内容，多渠道分发才能保证好的传播效果。短视频的分发渠道除了短视频 App，还包括电商平台的短视频入口，以及新闻网站、社交平台等。

## （二）直播平台营销策划

随着互联网的发展，尤其是智能终端的升级和 5G 技术的发展，直播的概念有了新的延展，越来越多基于互联网的直播形式开始出现。所谓"网络直播"或"互联网直播"指的是用户在手机上安装直播软件，利用手机摄像头对发布会、采访、旅行等进行实时呈现，其他用户在相应的直播平台可以直接观看直播并实时进行互动。

### 1. 直播营销策划相关概念

"直播"一词由来已久，在传统媒体平台就已经有基于电视或广播的现场直播形式，如晚会直播、访谈直播、体育比赛直播、新闻直播等。第 7 版现代汉语词典中对直播的定义为："广播电台不经过录音或电视台不经过录像而直接播送。"

直播营销指的是以直播平台为载体进行营销活动，达到提升品牌价值或增长销量的目的。2016 年起，互联网直播进入爆发期，直播平台超过 300 家，用户超 2 亿人。目前，用户提及直播营销，多数情况下默认是基于互联网的直播。

与传统直播营销相比，互联网直播营销有两个显著优势，一是参与门槛大大降低，二是直播内容多样化。

基于互联网的直播营销，通常包括场景、任务、产品、创意四大要素。第一是场景，企业需要用直播搭建销售场景，让观众仿佛置身其中；第二是任务，主播或嘉宾是直播的主角，其定位需要与目标用户相匹配，并友好地引导用户互动、转发或购买；第三是产品，企业产品需要巧妙地植入主持人台词、道具、互动中，从而达到将企业营销软性植入直播之中的目的；第四是创意，常规的直播活动对用户的吸引力逐渐降低，新型的户外直播、互动提问、艺人访谈等直播活动可以为直播营销加分。

### 边学边做

某装修公司新媒体团队打算尝试一场直播营销，搭建一个带有公司 Logo 的微型客厅，邀请某艺人到场分享自己的装修心得，并现场邀请观众互动。参照本节内容，分析这场直播的场景、任务、产品、创意分别是什么？

直播营销有三大特点。

（1）直播是即时事件。由于直播完全与事件的发展进程同步，因此可以第一时间反映现场状态。

（2）直播用常用媒介。收听或观看直播通常无须专门购买昂贵的设备，使用电视机、计算机等常用设备即可了解事件的最新进程。

（3）直播内容直达用户。与录播节目相比，直播节目不会做过多的剪辑与后期加工，所有现场情况直接传达给用户。

直播营销的核心价值在于它能聚集用户注意力，其特点和优势使其成为企业品牌价值提升或产品营销推广的标配。

#### 2. 主流直播平台及特点

常用的主流直播平台可以分为以下 3 类。

（1）综合类直播平台。综合类直播平台通常包含较多的直播种类，包括户外直播、校园直播等，用户进入平台后的可选择余地较多。

（2）秀场类直播平台。秀场直播从 2005 年开始便在国内兴起，是直播行业起步较早的模式之一，秀场直播是主播展示自我才艺的较好形式。用户在秀场类直播平台浏览不同的直播间，类似于走入不同的演唱会或才艺表演现场。

（3）商务类直播平台。与综合类、秀场类等直播平台不同，商务类直播平台具有更强的商业属性。因此，在商务类直播平台进行直播的企业，通常带有一定的营销目的。利用商务类直播平台，企业可以尝试以更低的成本吸引用户关注，并产生交易。

### 议一议

请回忆一场自己印象深刻的直播，这场直播是在哪个平台进行的？并分析为什么要选用这个平台？

#### 3. 直播营销策划流程

无论是企业还是个人，直播营销策划的流程主要包括以下内容。

（1）市场调研。直播的目的是向大众推销产品或服务，推销的前提是我们深刻地了解用户需要什么、我们能够提供什么，从而避免同质化的竞争。因此，只有做好市场调研，才能做出真正让大众喜欢的营销方案。

（2）自身优缺点分析。做直播营销要准确地分析自身优缺点。如果营销经费充足、人脉资源丰富，就可以有效地实施任何想法。但大多数企业并没有足够充足的资金和人脉储备，这时就需要充分发挥自身的优点来弥补缺点。一个好的项目也不仅仅是靠人脉、财力就可以达到预期的效果，还需要充分发挥自身的优点，才能达到意想不到的效果。

（3）市场受众定位。要明确我们的受众是谁、他们能够接受什么，这些都需要进行充足的市场调研才能明确。找到合适的市场受众是策划直播营销的关键。

（4）选择直播平台。直播平台种类多，根据属性不同可以被划分为不同领域。选择合适的直播平台，是直播营销策划的重点。

（5）设计直播营销方案。良好的直播营销方案是走向成功的关键。这一步需要为受众设计直播方案内容。在直播过程中，过度营销往往无法实现营销方案最初的效果，因此在整个方案设计中需要销售策划及广告策划共同参与，使产品在营销和视觉效果之间不偏颇。

（6）后期反馈。直播营销的最终目的是实现销售，因此销售转化率尤为重要。企业通过实时数据反馈及后期数据反馈可以监测销售转化率，以此为依据不断地修改直播方案，取得更好的直播方案执行效果。

### 4. 直播营销策划过程

策划一场直播营销主要包括以下5个环节。以"五步法"策划直播营销，可以确保直播营销的完整性和有效性。

（1）明确整体思路。策划直播营销的第一大环节便是明确整体思路。在准备直播营销方案前，应先疏理整体思路，然后有目的、有针对性地策划与执行。直播营销的整体思路设计包括3个部分，即目的分析、方式选择和策略组合。

- 目的分析。对于企业、品牌而言，直播只是一种营销手段，企业、品牌的直播营销绝不是简单的线上才艺表演或互联网游戏分享。因此，作为企业、品牌的直播营销策划者，需要综合产品特色、目标用户、营销目标，提炼此次直播营销的目的。

- 方式选择。在确定直播目的后，需要根据企业、品牌的调性，在艺人营销、稀有营销、利他营销等不同的直播营销方式中，选择一种或多种进行组合。

- 策略组合。在选择好方式后，需要对场景、产品、创意等模块进行组合，设计最优的直播营销策略。

（2）策划、筹备。首先，直播营销策划者需要撰写、完善直播营销方案。其次，在直播开始前，需要将直播过程中用到的软件及硬件设备提前测试好，并尽可能降低失误率，防止因筹备疏忽而影响最终的直播效果。为确保直播当天的人气，还需要对此次直播活动提前进行预热宣传，鼓励用户提前、准时进入直播间。

（3）直播执行。为了达到预期的直播营销目的和效果，主持人及现场工作人员需要尽可能地按照直播营销方案执行，将直播开场、直播互动、直播收尾等环节顺畅地推进，确保直播的顺利完成。

（4）做好二次传播。直播结束并不意味着营销的结束，还需要将直播涉及的图片、文字、视频等进行再次包装、加工，通过互联网进行二次传播，触及未观看现场直播的用户，实现直播效果最大化。

（5）及时复盘。直播后期传播完成后，还应进行直播营销复盘。例如，统计直播数据，与之前的营销目的进行比较，评估此次直播营销效果；组织团队讨论，总结此次直播的经验与教训，做好团队经验分享。每一次直播营销结束后的总结与复盘，都会为下一次直播营销提供优化依据或策划参考。

完整的直播营销方案正文应包括五大要素。

① 直播目的。直播营销方案首先要传达直播目的。团队成员应清楚这场直播要完成的销售目标、需要增加热度的口碑关键词、现场期望达到的用户数量等信息。

② 直播简述。直播营销方案要对直播的整体思路进行简要描述或以一页 PPT 的形式展示给团队成员。PPT 需要包括直播形式、直播平台、直播亮点、直播主题等。

③ 人员分工。直播需要按照执行环节对人员进行项目分组，包括道具组、渠道组、内容组、摄制组等。每个项目组的负责人姓名、成员姓名等，需要在方案的正文中加以描述。

④ 时间节点。时间节点包括两部分：第一是直播的整体时间节点，包括开始时间、结束时间、前期筹备时间、发酵时间等，便于所有参与者对直播整体有初步印象；第二是项目组时间节点，方案正文要清晰传达每个项目组的任务截止时间，防止由于某项目组在某环节延期而导致直播整体延误。

⑤ 预算控制。每一场直播活动都会涉及预算，新媒体团队整体预算情况、各环节的预算情况都需要在方案中进行阐述。当某个项目组有可能会出现预算超支的情况时，需要提前通知相关负责人，便于整体协调。

# 四、VR 全景营销

5G 网络凭借高速率、低延时的优势推动 VR 全景技术应用快速落地。当下实体经济正发生急剧改变，VR 看房、VR 看车、VR 酒店、VR 餐厅……越来越多的行业摒弃传统的营销手段，开始引进 VR 全景技术作为提升品牌价值的武器，VR 全景需求迎来爆发式增长。

## （一）认识 VR 全景营销

什么是 VR 技术？VR 全景凭借什么特点在短时间内受到众多企业青睐呢？

### 1. VR 全景营销相关概念

VR 是 Virtual Reality 的缩写，翻译为虚拟现实。虚拟现实技术是一种能够创建和体验虚拟世界的计算机仿真技术，它利用计算机生成一种交互式的三维动态视景，其实体行为的仿真系统能够使用户沉浸到该环境中。

VR 全景营销是基于互联网、5G 网络、3D 全景展示技术、VR、整合营销手段而打造的云端沉浸式全景（720°）营销服务平台。VR 全景是通过专业设备拍摄制作，将实际场景与虚拟现实相结合，并与多种情景形态、交互行为相融合的 3D 动态视景，有助于为各行各业商家、企业解决宣传展示的痛点，提高品牌曝光率和成交转化率。

### 2. VR 全景营销应用领域

VR 全景已被广泛应用于各行各业的营销推广。商家通过其全方位立体的展示形式，不仅获得了更多用户的信任，还得到不同用户群体的关注。商家利用 VR 全景，针对不同场合、不同用户制定专属 VR 方案，从而让商业营销更加具有针对性。

各大零售批发行业如服装、家电、商超等，可以将商品进行全景化，让用户在观赏全景的过程中，了解产品的细节，并实现线上销售。

在博物馆、展会等场景中，用户在游览 VR 全景的同时，还能够 720° 查看博物馆或展会现场的展品，如身临其境。VR 全景有助于消除用户和博物馆与展会的距离感。

汽车行业借助 VR 全景可以更好地展示产品，既可以展示车展全景，还可以展示 4S 店全景；通过 VR 全景，还能细致地展示汽车车身架构及车身内部环境，吸引更多用户的关注。

家居行业在 VR 全景的帮助下，也能发挥更大的价值。无论是家具产品的展示，还是家装效果图的展示，都能够通过 VR 全景真实地展示出来，在营销推广上快人一步。

景区通过 VR 全景展示优美的环境，给游客身临其境的体验；结合景区游览图导览，有助于游客自由穿梭于各景点之间。VR 全景+景区游览图导览是旅游景区、旅游产品宣传推广的有效创新手段。

总之，VR 全景营销将线下实景还原到线上，实现"实体+互联网+VR 全景"新型营销方式，助力实体经济。

### 3. VR 全景营销优势

相比传统宣传媒介，VR 全景营销的优势主要表现在以下 4 个方面。

（1）超强沉浸感和互动体验。随着 AI、VR 等技术的快速发展，图片、视频和文本等单向传递的方式已经无法满足用户对企业、产品真实信息的需求。人们更迫切地想知道这家企业是否真实存在、是否有能力提供相应的产品或服务，以及产品或服务的真实情况等信息。企业利用 VR 全景可以实现 1∶1 的真实化、逼真化场景再现，从厂区入口到产品介绍，再到下单购买，使用户全程参与其中。VR 全景营销的沉浸式体验可以给用户带来身临其境之感，带来真实的交互体验。

（2）全方位展示产品或服务特色，彰显品牌定位。VR 全景在展示应用中可以做到 720°、无死角的立体化展示（可进行放大、缩小），其中还可以加入产品的电子画册、产品解说、对接第三方平台（极大地节约了传统企业的营销宣传成本）等功能，推动平面广告向沉浸式广告转变。

（3）丰富的植入功能，促进销售转化。相比传统的静态平面图片和动态视频，VR 全景不但具有生动的表现形式，而且能承载更多的信息和内容。它可以在场景内加入导航标识，把多个场景连接起来成为漫游系统，让用户可以在不同场景间游走，感觉置身其中一般，观看场景的各个细节，获得真实的交互体验；它可以在场景内植入更多元素，比如嵌入音视频、真人语音解说、电子画册、宣传视频、图片、文字介绍等，让全景自己"会说话"，让用户在愉快的体验中了解更多信息；它可以适配各种形式的网络传播应用，无须依赖专用设备，无论是手机、平板电脑、计算机都能流畅观看，极大降低展示成本；它可以通过二维码实现与小程序的相互转换，借助互联网各种服务平台和自媒体渠道进行高速、广泛的一键传播；它可以在全景中植入丰富的营销功能，如抢红包、抢优惠券、抽奖、线上下单等，充分调动用户参与性，促进销售转化。

（4）多渠道宣传，多屏互动扩展，给商家带来流量、效益。VR 全景营销实际上是以 VR 技术为核心的整合营销，它通过 VR 技术、全景内容、硬件设施、宣传渠道等，为企业打造整合营销方案。VR 全景可与 QQ、微信等主流社交平台实现无缝对接，支持二维码分享，并可自适应设备。其强大的嵌入、分享功能，打通了设备到传播的通道，实现全媒体的多屏互动，实现用户与产品的无缝对接。

📖 **营销案例**

### 蒙牛，一滴奶的前世今生

　　蒙牛拍摄了一支不到 5 分钟的 VR 短片，从奶牛的生活环境、原奶的采集存储，到牛奶进入工厂流程后的检测化验、预处理、灌装、包装等生产过程，全方位地还原蒙牛生产过程。

　　在其他产商的注意力还停留在各种小屏幕之间切换的时代，蒙牛就已经利用 VR 技术反其道而行之，用一个全屏幕占据所有视角。传统广告只会说"我们产品安全可靠"，但 VR 短片则是带观众亲眼看到所有的生产细节，让观众了解蒙牛是如何确保产品安全可靠的。

## （二）VR 全景营销技术

　　如果说"互联网+"实现了传统企业信息化，那么"VR+"则将推动传统产业营销模式的升级换代。越来越多的知名企业开始布局自己的 VR 全景营销规划，如小米的 VR 全景一体机、国美的全球首家专业 VR 影院，甚至益达、宝洁、蒙牛等知名快消品牌都争相投入 VR 全景大潮中，纷纷利用 VR 全景进行宣传营销，采用主流的 VR 技术助力自身发展。

### 1. VR 全景营销工具

　　（1）满减卡券。

　　技能：流量变现、引流拓客。

　　应用：在场景中的热点、导航栏、自定义功能中添加"满减卡券"，用优惠活动刺激潜在用户快速下单。一般用超低的折扣引流拓客，系统默认每个 ID 仅限领取 1 次；商家可以通过设置分享次数来增加领取次数，利用互惠心理来实现裂变传播。

　　（2）全景宝藏。

　　技能：增强用户黏性、增强用户与场景的互动性。

　　应用：商家利用此功能，把活动奖品、优惠券隐藏在全景中。参与活动的用户需要在全景中找到宝藏。商家可以把宝藏隐藏在一些具有特色的热门商品旁边，来提高商品的曝光度。同时，用户寻找宝藏的过程也是在浏览全景，进而实现与场景的深度交互。

　　（3）集卡活动。

　　定位：增强用户黏性、增强用户与场景的互动性。

　　技能：用户参与集卡活动，集齐卡片即可兑换奖品。与全景宝藏相似，卡片同样放在全景中，不过以可见的标志放置在场景中。商家依旧可以把标志放在热门商品旁边，来提高商品的曝光度。

　　（4）投票活动。

　　定位：拉新、传播。

　　技能：通过拉票的方式让用户撬动身边的朋友参与进来，被吸引过来的朋友同样可以报名参加，再拉动其身边的朋友帮投票。此活动有"病毒式"传播的效果，适合做用户拉新。

　　（5）预约。

　　定位：流量变现。

　　技能：在全景中使用预约系统，主要是为用户提供便捷的服务。这项系统功能主要应用于本地生活服务。

（6）微商城。

定位：流量变现。

技能：商家在全景中建立自己的微商城，结合优惠促销、折扣等，刺激用户快速消费。

（7）点餐。

定位：线下引流。

技能：点餐是垂直于餐饮行业的一项增值服务。商家可以在全景中的前台位置或者导航栏位置嵌入此功能，用户进入点餐页面，可以查看所有菜品，直接在线下单。

### 2. VR全景营业推广方式

VR全景作为一种全新的营销宣传方式，凭借强交互、沉浸式的互动体验，可视化的数据分析，使企业能够快速与用户建立信任关系并搭建品牌营销工作，广受企业青睐，逐渐被融入企业的营销宣传推广工作中。VR全景常用的互联网营业推广方式主要包括以下6个部分的内容。

（1）播放机器设备全适配。不论是使用计算机显示屏还是移动手机，都能够体验VR全景。VR全景可以适用于电视机、投射、室外电子器件屏等大屏显示机器设备。

（2）嵌入企业官网。VR全景能够嵌入企业官网的任意页面，浏览者在访问网址时就可以体验趣味VR全景所带来的身临其境的感觉。

（3）嵌入微信公众平台。将VR全景上传到专业的存储分享平台，放入菜单栏供用户直接观看浏览；也可以嵌入微信公众平台发布的文章中，用户点击文章中的VR全景就能够立即观看。

（4）易分享。VR全景图一般存在专业的线上平台，有自己单独的网页，所以它可以被分享到微信、微博等社交平台或者其他互联网媒体上。

（5）VR全景门户网推广平台。我国现有许多技术专业的VR全景门户网推广平台，企业可以将自己拍摄的一部分VR全景免费上传到这些平台从而增加曝光度。

（6）生活平台。目前，越来越多的生活App开始支持VR全景的展示，例如，支付宝口碑、携程、美团等，这使得VR全景发挥了更大的作用。使用VR全景会为商家和企业带来更高的销售转化率和更好的营销效果。

# 自我检测

## （一）单选题

1. 下列不属于新媒体营销优势的是（　　　）。

　　A. 企业营销成本高

　　B. 互动性强，传播效果好

　　C. 营销更精准，更有效

　　D. 创意空间更大

2. 新媒体营销从本质上来说，它是企业（　　　）在新媒体形式上的实现，通常借助媒体表达与舆论传播，是用户认同某种概念、观点和分析思路，从而达到企业品牌宣传、产品销售的目的。

A. 商品硬性销售

B. 软性渗透的商业策略

C. 品牌宣传与推广

D. 文化与形象塑造

3. 短视频即短片视频，是指传播时长在（　　　　）分钟以内的视频传播内容。

A. 1

B. 5

C. 10

D. 15

## （二）多选题

1. 新媒体营销方式由哪些模块组成（　　　　）。

A. 新媒体营销主体

B. 新媒体营销渠道

C. 新媒体营销载体

D. 新媒体营销模式

2. 社交媒体平台的作用有（　　　　）。

A. 传播

B. 分享

C. 互动

D. 营销推广

3. 以下选项中，属于企业开展微博营销带来的优势是（　　　　）。

A. 成本低

B. 传播快

C. 群体广

D. 多样化

## （三）简答题

1. 什么是新媒体营销？新媒体营销与传统营销相比有哪些优势？

2. 新媒体营销策划都有哪些内容？

3. 简要分析微博营销策划的原则。

# 课中实训

## 【背景介绍】

随着互联网的快速普及和发展，营销思维也产生较大改变，主要体现在体验性、沟通性、差异性、创造性、关联性等方面。互联网已经进入新媒体传播时代，新媒体营销成为现代营销模式中十分重要的部分。本项实训以营销策划岗位为学习情境，针对文旅产业进行新媒体营销策划，特选取西部长青旅游度假区为其进行新媒体营销策划方案的编制。

西部长青旅游度假区是华北地区首个集运动休闲、生态观光、民俗体验、主题游乐、大型演艺等多功能于一体的综合性山水运动休闲旅游胜地。其总占地面积约 16 平方千米，距离市中心 15 千米，由 20 多个大型主题游乐项目串联而成，其中包含冰雪小镇、柳仙谷、亦禾观光园、璞祯酒店、水上乐园、德明古镇、健身绿道、露天温泉、小三亚、溶洞、溪山小镇等项目。为了在新媒体营销高度普及的时代，能够更广泛、更准确地向用户推送西部长青旅游度假区信息、提高西部长青度假村产品推广力度、提高品牌知名度、扩大品牌的影响力，西部长青旅游度假区特举办新媒体训练营，实施全员新媒体营销，助推企业高速发展。

# 实训一 全员新媒体营销

## 【实训目的】

通过实训，学生能了解新媒体营销策划、深入理解新媒体营销的含义、掌握新媒体营销策划的内容和程序、构建全员营销思维、具备新媒体营销的实战技能。

### 任务 1 全员营销思维构建

#### 【任务描述】

学生把自己看作西部长青旅游度假区的一员，树立全员营销的意识，让每个人都成为企业的营销策划人员，增强对企业产品和服务的认知，让每一个员工养成营销思维，掌握营销流程，培养用户至上的服务意识，助力企业实现销售业绩和客户满意度的提高。

#### 【任务操作】

1. 阅读任务单，明确任务内容与任务目标。
2. 阅读背景资料，学习相关理论知识。
3. 运用头脑风暴法，探讨新媒体时代如何树立全员营销的意识。
4. 洞察用户需求，学会从用户需求角度看产品。
5. 体验服务，学会从用户角度看服务。
6. 全员营销思维下的营销方法。
7. 将研究结果填入任务操练记录单（见表 6-3）。

【操练记录】

表6-3 全员营销思维构建

| 研究内容 | 研究结果 |
|---|---|
| 树立全员营销的意识 | |
| 洞察用户需求，学会从用户需求角度看产品 | |
| 体验服务，学会从用户角度看服务 | |
| 全员营销思维下的营销方法 | |

### 任务2 全员新媒体营销

【任务描述】

请同学在互联网上搜索近期全员新媒体营销的典型案例，分析什么是全员新媒体营销、全员新媒体营销对企业的好处、如何开展全员新媒体营销，从而进一步把握新媒体营销的布局、新媒体营销方式以及预期达到的营销效果。

【任务操作】

1. 阅读任务单，明确任务内容与任务目标。
2. 阅读背景资料，学习相关理论知识。
3. 搜索并观看全员新媒体营销案例。
4. 结合案例讨论什么是全员新媒体营销。
5. 分析西部长青旅游度假区采用全员新媒体营销的好处。
6. 创作体现西部长青旅游度假区产品功能的内容。通过不同的表现形式，展现西部长青旅游度假区产品的功能和使用价值，让用户看到产品在生活场景中的表现。
7. 全员进行营销推广。
8. 主流平台推广营销内容。
9. 将研究结果填入任务操练记录单（见表6-4）。

【操练记录】

表6-4 全员新媒体营销

| 研究内容 | 研究结果 |
|---|---|
| 全员新媒体营销的含义 | |
| 全员新媒体营销的好处 | |
| 创作体现企业产品功能的内容 | |
| 全员进行营销推广 | |
| 主流平台推广营销内容 | |

# 实训二 微营销策划

## 【实训目的】

学生通过实训，了解微信、微博营销平台及其特点，掌握微信、微博营销方式，以及微营销策划技巧，能够合理规划微信营销内容，熟练使用个人微信号、微信公众号进行营销宣传，能够进行微博营销策划。

### 任务 1 体验微博营销

**【任务描述】**

微博作为一个泛娱乐社交平台，拥有独特的内容传播模式和成熟的运营体系。依据背景资料，体验微博营销策划，开通新浪微博与用户进行互动，实现品牌或产品推广。

**【任务操作】**

1. 开通新浪微博。

2. 完善个人信息，主要包括昵称、所在地、性别、生日、简介等。可将自己微博主页的个人信息截图作为任务结果。

3. 借助热门话题，发布一篇西部长青旅游度假区产品上新的热门文章。

4. 创建新话题，发布一篇转发抽奖活动微博。

5. 总结相关知识与技能，填入任务操练记录单（见表6-5）。

**【操练记录】**

表 6-5 体验微博营销

| 研究内容 | 研究结果 |
| --- | --- |
| 开通新浪微博 | |
| 完善个人信息 | |
| 借助热门话题，发布一篇西部长青旅游度假区产品上新的热门文章 | |
| 创建新话题，发布一篇转发抽奖活动微博 | |

### 任务 2 编辑微信公众号推送文章

**【任务描述】**

微信公众号是各级文旅机构、企业开展传播活动的主要平台。依据背景资料，针对西部长青旅游度假区某产品，编辑微信公众号的推送文章。

**【任务操作】**

1. 阅读任务单，明确任务内容与任务目标。

2. 阅读背景资料，学习相关理论知识。

3. 撰写微信公众号推送文章的标题。

4. 设计微信公众号推送文章正文的开头。

5. 策划微信公众号推送文章的核心内容。

6. 设计版面风格，在正文中适当添加与其内容相关的图片，使得整篇文章风格统一。

7. 总结相关知识与技能，填入任务操练记录单（见表6-6）。

【操练记录】

表 6-6 编辑微信公众号推送文章

| 研究内容 | 研究结果 |
|---|---|
| 微信公众号推送文章的标题 | |
| 微信公众号推送文章正文的开头 | |
| 微信公众号推送文章的核心内容 | |
| 微信公众号推送文章的版面风格 | |

### 任务 3  策划微信公众号节日营销活动

【任务描述】

依据背景资料，针对西部长青旅游度假区某产品，策划微信公众号节日营销活动并撰写书面策划方案，利用端午节的热度增加企业微信公众号的粉丝数，同时促进产品销售。

【任务操作】

1. 阅读任务单，明确任务内容与任务目标。
2. 阅读背景资料，学习相关理论知识。
3. 根据任务要求，确定所需学习资料，并对小组成员进行合理分工，制订计划。
4. 明确微信公众号活动策划目标。
5. 确定活动对象、活动时间、活动内容和活动方式。
6. 通过活动前期预热以增加活动热度。
7. 预估活动效果。
8. 总结相关知识与技能，填入任务操练记录单（见表 6-7）。

【操练记录】

表 6-7 微信公众号营销活动策划

| 研究内容 | 研究结果 |
|---|---|
| 微信公众号活动策划目标 | |
| 微信公众号活动对象、活动时间 | |
| 微信公众号活动内容、活动方式 | |
| 活动前期预热 | |
| 活动效果 | |

# 实训三  短视频与直播营销策划

## 【实训目的】

通过实训，学生能够熟悉短视频、直播营销策划的相关概念，认识短视频、直播营销平台及特点，掌握短视频直播营销策划技巧及注意事项，能够在抖音、快手等平台进行短视频直播营销。

### 任务 1  在短视频平台推广产品

【任务描述】

依据背景资料，针对西部长青旅游度假区某产品，选择合适的短视频营销平台，策划短视频营销的内容及传播策略。

**【任务操作】**

1. 阅读任务单，明确任务内容与任务目标。

2. 阅读背景资料，学习相关理论知识。

3. 选择合适的短视频营销平台。

4. 策划短视频营销的内容，针对不同营销平台的特点进行短视频营销内容的策划。

5. 策划短视频营销的传播策略，根据产品的功能、目标用户的特点、短视频营销平台的功能，策划短视频营销策略的传播策略，通过有效的传播手段实现流量到销量的转化。

6. 预估短视频营销的效果。

7. 总结相关知识与技能，填入任务操练记录单（见表6-8）。

**【操练记录】**

表 6-8　　　　　　　　　　在短视频平台推广产品

| 研究内容 | 研究结果 |
| --- | --- |
| 短视频营销平台 | |
| 短视频营销的内容 | |
| 短视频营销的传播策略 | |
| 短视频营销的效果 | |

## 任务 2　在直播平台推广产品

**【任务描述】**

依据背景资料，针对西部长青旅游度假区某产品，选择合适的直播营销平台，确定直播营销的方式，策划直播营销过程。

**【任务操作】**

1. 阅读任务单，明确任务内容与任务目标。

2. 阅读背景资料，学习相关理论知识。

3. 选择直播营销平台。

4. 确定直播营销的方式。要达到促进产品销售的目的，首先要进行引流，通过"直播+活动"方式来吸引流量，吸引用户对活动的关注。其次要形成实际的转化，通过"直播+电商"的方式来介绍并引入产品，再通过电商直播平台边直播边购买的功能来促成转化。

5. 策划直播营销的过程。不管是"直播+活动"还是"直播+电商"，都要精心策划其整个过程，包括直播开场、直播过程、直播结尾。

6. 预估直播营销的效果。

7. 总结相关知识与技能，填入任务操练记录单（见表6-9）。

**【操练记录】**

表 6-9　　　　　　　　　　在直播平台推广产品

| 研究内容 | 研究结果 |
| --- | --- |
| 直播营销平台 | |
| 直播营销的方式 | |
| 直播营销的过程 | |
| 直播营销的效果 | |

## 实训四　VR 全景营销

### 【实训目的】

通过实训，学生能够认识 VR 全景营销，深入理解 VR 全景营销的含义，明确 VR 全景营销的优势，掌握 VR 全景营销技术，助力企业发展。

### 【任务描述】

请同学在互联网上搜索 VR 全景营销典型案例，通过案例分析讨论什么是 VR 全景营销、VR 全景营销对企业的好处、西部长青旅游度假区如何开展 VR 全景营销。

### 【任务操作】

1. 以营销策划小组为单位阅读背景介绍。
2. 讨论 VR 全景营销的含义。
3. 结合案例分析 VR 全景营销从哪些方面改变了营销模式。
4. 讨论 VR 全景营销的优势。
5. 采用头脑风暴法，分析西部长青旅游度假区如何开展 VR 全景营销，并给出建议。
6. 总结相关知识与技能，填入任务操练记录单（见表 6-10）。

### 【操练记录】

表 6-10　　　　　　　　　　　　VR 全景营销案例评析

| 研究内容 | 研究结果 |
|---|---|
| VR 全景营销的含义 | |
| VR 全景营销从哪些方面改变了营销模式 | |
| VR 全景营销的优势 | |
| 对西部长青旅游度假区 VR 全景营销的建议 | |

## 课后提升

### 经典案例：故宫博物院新媒体营销

近几年故宫 IP 火遍大江南北。从故宫口红、贺卡、摆件，再到故宫文物修复，故宫的身影频繁出现在我们的生活中。故宫不仅火了，还创造了超高的文创年收入纪录。故宫的成功营销不是偶然，更不是千年文化的赋能，而是懂得借助互联网东风、前卫营销理念的结果，其背后的营销思路值得学习、借鉴。

#### 1. IP 营销

首先，故宫借助真实历史创造出的一系列"虚拟形象"，如雍正帝、朱棣等，这些虚拟形象很接地气，打破了人们对历史人物的固有思维，这样的反差形象让故宫和年轻人之间有了交流。这一点也成为故宫 IP 营销的一大特点——制造反差。

其次，故宫的形象升级很好地在厚重历史感与轻松有趣之间找到了一个平衡点，让故宫的 IP 营销虽然看起来很接地气，但并没有把对历史严谨的研究态度、厚重的历史感全部抛弃，而是给故宫一种新的展现形式，让更多人可以了解我国的历史和文化。

最后，故宫产品本身的创意非常重要。故宫的周边产品不像是人们平时去景点看到的那些千篇一律的纪念品，而是将故宫的元素和文化底蕴有创意地融合在产品中，让产品本身兼具了创意性和功能性。故宫作为正宗、浓厚的中国风代表，可以挖掘的中国元素不计其数。故宫充分运用 IP 形象，设计了许多富有创意和特色的周边产品，并在细节之处独具匠心，把故宫传统文化元素植入时尚的当代工艺品中。工艺品不仅新潮可爱、讨人喜欢，还被赋予了故宫藏品所蕴含的文化价值。

### 2. 微博营销

"故宫博物院"微博作为故宫官方微博，主要内容包括常设展览和特展信息、文物介绍、故宫景色、故宫壁纸、故宫与人的故事等，此外还有一些关于讲座和志愿者招聘的信息。图文内容基本以原创为主，其中运营团队拍摄的故宫四季景色互动效果非常好。截至 2023 年 1 月，故宫博物院的粉丝数超 1 028 万人，影响力巨大。

通过微博，故宫不断对社会大众关心的问题进行回应，比如人们喜欢紫禁城的色彩，故宫就发起"点染紫禁城"活动，让孩子可以参与；人们关心故宫的春夏秋冬，故宫就发布故宫春夏秋冬的景色图片。故宫的社交平台运营能力，促使其吸引了大批粉丝的关注。庞大的粉丝数，让故宫发出的每一条消息，都有可能瞬间传遍网络，引发人们的热议。

### 3. 微信营销

故宫的官方微信公众号是"故宫博物院"，主要提供展览介绍和游客服务等服务，基本每周会有更新。而"故宫淘宝"微信公众号则是紧跟社会潮流，延续搞笑风趣的风格，以活泼生动的形象面向大众。

故宫通过微信这一新媒体平台，对文创产品的宣传推广方式不断进行创新和升级，让博物馆这个听起来历史厚重、严肃的地方，也能吸引年轻人的关注。同时，故宫也向年轻人传递了经典的文化、艺术，让年轻人更加喜爱传统文化。

### 4. App 营销

如果说微博、微信是展现故宫好玩、有趣的一面，那么故宫的精深历史和文化底蕴则在其系列的 App 上得到更好的呈现。目前，故宫已经发布了多个相关 App，这些 App 取得了平均下载量上百万次的成绩，吸引了众多用户的关注，促进故宫文化的传播。

故宫采用 App 营销的模式，该模式具有成本低、持续性强、促销售、信息全面等优点。App 中，形象鲜明的人物、生动有趣的故事再配以优美的文案，将故宫的 IP 价值很好地融入各个环节中，这不仅推广了 App 本身，也科普了文物、历史等知识，还宣传了故宫形象。采用 App 营销模式，可以使广大用户近距离地接触、欣赏和学习故宫文化，还可以使用户获得新鲜、时尚的媒体交互体验，提高故宫的影响力。App 营销模式无疑增强了用户黏性，一定程度上增强了故宫的营销能力。

### 5. 跨界营销

为了扩大故宫文创影响力，故宫近年来采用跨界宣传和线下体验的方式。

2016 年 9 月，故宫和招商银行信用卡合作推出了定制款"奉招出行"行李牌，将"奉诏出行"的"诏"换为"招"，有趣地将两个品牌内涵融入在一起。招商银行此次和故宫合作也是为了吸引年轻人，将品牌形象年轻化。

2018 年 8 月，故宫文化服务中心联合农夫山泉推出 9 款"农夫山泉故宫瓶"，文案和包装十分年轻化。其以瓶身为载体，让消费者在有趣的古画和文字中感受故宫里真实的人间烟火，与品牌建立情感联系。

故宫的跨界宣传，在成功圈粉的同时进一步扩大了自己的影响力，逐步形成了"故宫出品，必属精品"的良好口碑。

### 6. VR全景营销

VR全景故宫，利用数字技术真实呈现故宫实景，用户用手指滑动手机屏幕就可畅游故宫。全景故宫中页面底端有各个宫殿的介绍，右侧"位置"坐标可直接带你去你想去的宫殿。全景故宫，带你走进"养心殿""灵沼轩""倦勤斋"，伴着动人的语音讲解，让用户线上就能近距离感受故宫之美。

**案例分析：**

1. 试分析故宫的文化创意之路。
2. 故宫采用了哪些新媒体营销策略？

## 拓展训练 ↓

【游戏名称】玩具公司

【训练目标】创新思维的训练。

【实施步骤】

以营销策划团队为单位进行玩具公司的策划游戏。

1. 每个团队是一家玩具公司，其任务就是设计一个新的玩具。玩具可以是任何类型、针对任何年龄段的，唯一要求是要有新意。

2. 时间限定10分钟，每一个团队推选一名代表，对他们设计的玩具进行详尽的介绍。介绍的内容包括名称、针对人群、卖点、广告和预算等。

3. 每个团队做完介绍后，大家相互评判出成绩最好的团队，即以最少的成本做出了最好的创意。另外也可以颁发一些单项奖，例如，最有新意的名字、最动人的广告创意、花钱最多的玩具等。

【相关讨论】

1. 什么样的创意会让你觉得眼前一亮？怎样才能想出好创意？
2. 时间的限制对你们想出好的创意是否有影响？